A ESSÊNCIA DA
Vitória

EDITORA AFILIADA

Os Objetivos, a Filosofia e a Missão da Editora Martin Claret

O principal Objetivo da MARTIN CLARET é continuar a desenvolver uma grande e poderosa empresa editorial brasileira, para melhor servir a seus leitores.

A Filosofia de trabalho da MARTIN CLARET consiste em criar, inovar, produzir e distribuir, sinergicamente, livros da melhor qualidade editorial e gráfica, para o maior número de leitores e por um preço economicamente acessível.

A Missão da MARTIN CLARET é conscientizar e motivar as pessoas a desenvolver e utilizar o seu pleno potencial espiritual, mental, emocional e social.

A MARTIN CLARET está empenhada em contribuir para a difusão da educação e da cultura, por meio da democratização do livro, usando todos os canais ortodoxos e heterodoxos de comercialização.

A MARTIN CLARET, em sua missão empresarial, acredita na verdadeira função do livro: o livro muda as pessoas.

A MARTIN CLARET, em sua vocação educacional, deseja, por meio do livro, claretizar, otimizar e iluminar a vida das pessoas.

Revolucione-se: leia mais para ser mais!

MARTIN CLARET

Coleção Pensamentos e Textos de Sabedoria

A ESSÊNCIA DA
Vitória

A ESSÊNCIA DA SABEDORIA DOS
GRANDES GÊNIOS DE TODOS OS TEMPOS

MARTIN CLARET

A ARTE DE VIVER

Créditos

© *Copyright* Editora Martin Claret, 2005

IDEALIZAÇÃO E COORDENAÇÃO
Martin Claret

Digitação
Conceição A. Gatti Leonardo

CAPA
Proserpina (detalhe),
Gabriel Rossetti
(Ver pág. 125)

Editoração Eletrônica
Editora Martin Claret

Fotolitos da Capa
OESP

MIOLO
Revisão
Elizabete F. da Silva

Papel
Off-Set, 70g/m²

Direção de Arte
José Duarte T. de Castro

Impressão e Acabamento
Paulus Gráfica

EDITORA MARTIN CLARET
R. Alegrete, 62 – Bairro Sumaré – São Paulo-SP
CEP 01254-010 - Tel.: (11) 3672-8144 – Fax: (11) 3673-7146
www.martinclaret.com.br

Agradecemos a todos os nossos amigos e colaboradores — pessoas físicas e jurídicas — que deram as condições para que fosse possível a publicação deste livro.

Este livro foi impresso no verão de 2005.

A ARTE DE VIVER

Seja profeta de si mesmo

Martin Claret

"A função derradeira das profecias não é a de predizer o futuro, mas a de construí-lo."

Somos criaturas programáveis

C aro leitor: não é por acaso que você está lendo este livro-clipping. Nada acontece por acaso. Tudo acontece por uma causa.

Possivelmente a causa de você o estar lendo seja a sua vontade de obter mais informações ou expandir a sua consciência. A causa, também, pode ser a força da minha mentalização.

Cientistas, antropólogos, psicólogos e educadores têm afirmado que o ser humano é uma criatura culturalmente programada e programável.

Eis aí uma grande verdade.

Seu *hardware* e seu *software*

Nosso cérebro e nosso sistema nervoso — o nosso hardware *(a máquina) — é mais ou menos igual em todas as pessoas. A grande diferença que faz a diferença é o que está gravado ou programado no cérebro, isto é, o nosso* **software** *(o programa).*

Explicando de uma maneira extremamente simplificada, você tem três tipos de programação: 1ª- a programação genética (o instinto); 2ª- a programação sóciocultural (família, amigos, escola, trabalho, líderes espirituais e políticos, livros, cinema, TVs, etc.); 3ª- a autoprogramação ou a programação feita por você em você mesmo.

Na primeira programação você não tem nenhum controle; na segunda, tem controle parcial; e na terceira programação você tem controle total.

É fundamental que você saiba, conscientemente, controlar o terceiro tipo de programação, ou seja, a autoprogramação.

Um método de autoprogramação humana

*Todos os livros-*clippings *da coleção* Pensamentos de Sabedoria *foram construídos para conduzir você a se autoprogramar para um estado de ser positivo, realístico e eficiente.*

Depois de longa pesquisa e vivência — análise e intuição — concluí que há, e sempre houve, um método simples e seguro de autoprogramação.

As informações adquiridas através da leitura de "historinhas", parábolas, fábulas, metáforas, aforismos, máximas, pensamentos etc., podem, eventualmente, atingir seu subconsciente sem passar pelo crivo do consciente analítico e bloqueador. Esta prática permite, sem grande esforço, implantar em seu sistema automático perseguidor de objetivos uma programação incrivelmente podero-

sa e geradora de ação.

Sabemos — grande objetivo da educação não é apenas o saber, mas a ação.

Um dos maiores Mestres de nosso tempo e um gênio na Arte de Viver, formalizou com incrível simplicidade este princípio quando ensinou: "Pedi e vos será dado; buscai e achareis; batei e vos será aberto. Pois todo o que pede, recebe; o que busca, acha; e ao que bate, se abrirá."

Hoje, em plena era da informática, com a conseqüente revolução da comunicação, estamos compreendendo esses eficientes recursos que temos inerentemente dentro de nós.

Um livro "vivo" e motivador

A coleção Pensamentos de Sabedoria *foi idealizada e construída para nos programar (autoprogramar) para a plenitude da vida. São 72 volumes de 128/136 páginas, no formato de bolso 11,5 x 18 cm com textos essencializados, de alta qualidade gráfica, periodicidade mensal, baixo custo e distribuição a nível nacional.*

Este livro começa onde o leitor o abrir. Ele não tem início nem fim. Pode continuar na nossa imaginação.

A essência da sabedoria dos grandes mestres espirituais, líderes políticos, educadores, filósofos, cientistas e empreendedores está aqui reunida de uma maneira compacta e didaticamente apresentada.

Buscamos a popularização do livro.

A foto e o pequeno perfil biográfico do autor de cada pensamento têm a função de facilitar a visualização do leitor. As "historinhas", ou "cápsulas" de informação, estão apresentadas com extrema concisão. As principais emoções e os mais importantes assuntos do conhecimento humano estão presentes nos 72 volumes. Cada título da coleção Pensamentos de Sabedoria é um livro "vivo", motivador e transformador. Oferecemos o livroterapia.

Uma paixão invencível

Minha permanente paixão cultural (já o disse em outros trabalhos) é ajudar as pessoas a se auto-ajudarem. Acredito ser esta minha principal vocação e missão. Quero "claretizar" as pessoas, ou seja, orientá-las no sentido de que vivam plenamente e tenham uma visão univérsica do mundo. Que sejam e que vivam harmonizadamente polarizadas.

Você tem o poder de genializar-se.

Este é o meu convite e o meu desafio lançado a você, leitor. Participe do "Projeto Sabedoria" e seja uma pessoa cosmo-pensada e auto-realizada.

"Pensar que É faz realmente SER".

Leitor amigo: vamos, juntos, construir uma poderosa força sinérgica para o nosso desenvolvimento pessoal e para o desenvolvimento de todas as pessoas de boa vontade.

Comece rompendo seus limites, modelando os grandes gênios. Visualize-se como já sendo "um vencedor do mundo".

Seja profeta de si mesmo.

A ARTE DE VIVER

GILBERTO GIL - Cantor, compositor e músico brasileiro, nascido no Estado da Bahia. Foi um dos artistas que se destacou no Tropicalismo, movimento que alterou valores e costumes e operou modificações na arte brasileira na década de 60. Gil, participou de festivais da MPB e, até hoje, realiza muitos "shows" por todo o Brasil. Está entre os grandes intérpretes brasileiros de sucesso constante. De seu vasto repertório musical constam *Realce*, *Metáfora* e *Palco*. Foi, também, Secretário de Estado da Cultura na Bahia. (1942 -).

> **A confrontação de forças opostas é o que nos faz avançar.**

A ARTE DE VIVER

Vencer — A primeira característica espermatozoidal

Ilie Gilbert

Na fecundação do óvulo, você é concebido.

As suas raízes vêm do sêmen que venceu a corrida concepcional.

Na fecundação, o caráter deste sêmen lhe foi transmitido.

Será este caráter, o seu caráter?

Será coisa nenhuma, porque ele já o é, desde o instante da sua concepção, desde o instante da fecundação do óvulo.

O caráter do sêmen já é o seu caráter.

O sêmen vitorioso injetou em você duas características.

Duas características fortes, raízes da sua individualidade. Quais são elas?

A PRIMEIRA CARACTERÍSTICA espermatozoidal é VENCER.

Vencer a qualquer preço.

Custe o que custar, doa a quem doer, mas vencer.

Ser o melhor, para ser o primeiro.

Não basta ser entre os primeiros, ou entre os melhores.

Precisa categoricamente ser o primeiro, senão é inútil tudo.

De fato, precisa ser o único.

Na desesperada corrida para a fecundação do óvulo, na chegada final, há somente um lugar, um lugar só.

Este lugar é conquistado pelo único vencedor da corrida: VOCÊ.

Uma corrida massacrante, uma corrida para sobreviver.

Uma corrida para que vença só um único sobrevivente: você.

No instante da vitória, todos os outros participantes são instantaneamente sacrificados. Uma chacina, para um vitorioso.

Você venceu nesta chacina, visto que é o sobrevivente.

No jato espermatozoidal de milhões, você foi o único que conseguiu a soberba performance da fecundação.

Explique ao mundo, essa sua vitória.

Por que foi você o vencedor, e não foi um outro?

Vale a pena analisar.

Pode ser que você venceu, só por pura sorte. Pois se a sorte é a causa, isso prova que a sorte existe. Também demonstra que a sorte está dentro da sua raiz. Parabéns a você, por ter a sorte nas suas raízes.

Entretanto, é bem possível, que os cientistas venham a recusar a sorte, como explicação não aceita pela ciência.

Neste caso, tanto melhor.

Quando a sorte não é aceita como explicação para uma vitória, neste caso a vitória é atribuída aos méritos do vitorioso.

Então foi por mérito a sua vitória espermatozoidal, não foi?

O reconhecimento desse mérito é reconhecer o

mérito e a qualidade de sua raiz.

Parabéns a você, por ter qualidades de mérito em suas raízes.

Mas talvez você não venceu nem por sorte e nem por mérito.

Talvez você venceu pelo simples acaso.

Pode ter sido o acaso mesmo.

Então, parabéns pelo acaso.

A Sorte, o Mérito, o Acaso.

Três causas possíveis da sua vitória.

A Conviviologia aceita qualquer uma delas, ou também o conjunto.

O importante é a vitória em si, e não a explicação da vitória.

Os vitoriosos não precisam explicar, só os derrotados explicam.

A sorte, o mérito, o acaso.

Não interessa qual das três causou a vitória.

O importante é que você, pela sua raiz, foi fertilizado com esta primeira característica espermatozoidal: VENCER.

Vencer a qualquer preço.

A ambição de vencer, existe, portanto, dentro de sua raiz.

Fixe isto em sua mente.

Fixe bem em sua mente que a sua primeira característica espermatozoidal é a Ambição de Vencer a qualquer preço.

Pode ser que, por ora, essa sua ambição de vencer esteja em estado sonolento, mas esse traço individual seu, já é inegavelmente um dote seu comprovado.

(In: *Conviviologia - A Ciência do Convívio*, Ilie Gilbert, Ibrasa, 1979.)

A ARTE DE VIVER

PLAUTO (Titus Maccius Plautus) - Ator e empresário teatral latino. Nasceu em Sársina, pequena aldeia da Úmbria (península itálica). Ainda moço aprendeu o latim literário e o grego e dedicou-se ao teatro como ator, diretor e empresário. Após os 40 anos de idade, dedicou-se a escrever comédias teatrais. Numerosas comédias lhe são atribuídas (cerca de 130), porém, segundo consta, apenas 21 delas são comprovadamente suas. Plauto recriou as comédias gregas, adaptando-as aos costumes sociais romanos. É considerado um marco no teatro da antigüidade e um dos mestres da comédia latina. (254 - 184 a.C.).

> **Devemos alcançar a vitória por merecimento, não por proteção.**

A ARTE DE VIVER

A perseverança é essencial

William J. Bennett

A perseverança é essencial a todos. Sócrates, que se comparava a uma mosca para os atenienses, declarou com absoluta seriedade em seu julgamento (segundo a *Apologia* de Platão): "Enquanto eu respirar não pararei de praticar a filosofia, de exortá-los a meu modo e de apontar a qualquer um que eu encontre: és um ateniense, um cidadão da maior cidade, com a melhor reputação de sabedoria e de poder; não te envergonhas do teu interesse em possuir tanta reputação, tantas riquezas e honras e não cuidar da sabedoria e da verdade, do melhor estado possível do teu espírito?" A persistência das exortações de Sócrates, entretanto, foi demais para os atenienses e ele foi condenado. Mas existem fatos piores, como o próprio Sócrates mostrou: enquanto ele foi meramente condenado à *morte*, seus acusadores, pelo mesmo ato, foram condenados ao *mal!*

"Devagar se vai ao longe", diz a moral da conhecida fábula de Esopo, da tartaruga e a lebre. Na *Vida de Sertório*, Plutarco narra como esse grande soldado romano, enquanto pretor na Espanha no século I a.C., deu uma demonstração semelhante às tropas, terminando com o seguinte discurso: "Vejam, soldados, que a perseverança é superior à violência e muitas coisas que não podem ser superadas, de imediato, cedem quando enfrentadas pouco a pouco. A assiduidade e a persistência são irresistíveis e, com o tempo, superam e destroem as mais poderosas forças, pois o tempo é amigo e protetor daqueles que usam o juízo para aguardar a melhor ocasião e é inimigo destruidor daqueles que se adiantam sem pensar".

(In: *O Livro das Virtudes*, William J. Bennett, Editora Nova Fronteira, 1995.)

A ARTE DE VIVER

CORNEILLE (Pierre) - Poeta e dramaturgo francês. Inovou o teatro francês escrevendo o primeiro grande drama do teatro clássico, *El Cid*, sob um enfoque diferente e controvertido. *El Cid* deu origem a muita polêmica por ser considerada fora dos padrões do teatro clássico. A controvérsia impeliu a Academia Francesa a se pronunciar sobre a questão. Apesar das críticas dos contemporâneos, Corneille não desistiu de escrever e fez outras peças no mesmo estilo. Entre aquelas que escreveu estão *Medéia* e *Nicomedes*. (1606 - 1684).

> **Quando não há perigo na luta, não há glória no triunfo.**

A ARTE DE VIVER

Cruzando o Rubicão

William J. Bennett

Na época áurea de Roma, o Rubicão — um riacho na região centro-norte da Itália —demarcava a fronteira com a Gália. Pela lei, os magistrados romanos só podiam admitir a entrada de exércitos na Itália com permissão do Senado. Conduzindo suas legiões através do Rubicão em 49 a. C., Júlio César deu uma demonstração de força à própria Roma.

Roma era a cidade mais poderosa do mundo. Os romanos haviam conquistado todas as terras ao norte e a maior parte da terras ao sul do Mediterrâneo. Ocupavam, também, as ilhas e a parte da Ásia que hoje constitui a Turquia.

Júlio César se tornara herói de Roma depois de conquistar a Gália, a parte da Europa que hoje inclui a França, a Bélgica e a Suíça, fazendo-a província romana. Além disso, seus exércitos tinham atravessado o Reno, invadindo parte da Germânia, e chegaram até a Bretanha, uma terra selvagem e remota para os romanos, onde fundaram colônias.

Por nove anos, César servira Roma com eficiência e lealdade, mas fizera muitos inimigos na metrópole, pessoas que temiam suas ambições e invejavam seus feitos, que estremeciam quando ele era chamado de grande herói.

Uma dessas pessoas era Pompeu, há muito tempo o homem mais poderoso de Roma e que, como

César, era comandante de um grande exército, mas suas tropas pouco haviam feito para merecer os aplausos do povo. Pompeu percebia que, a não ser que fizesse algo para impedir, acabaria sob o comando de César. Assim, pôs-se a arquitetar planos para destruí-lo.

A missão de César, na Gália, estaria terminada em um ano e esperava-se que ele retornasse a Roma para ser eleito cônsul ou legislador da poderosa república. Seria, então, o homem mais poderoso do mundo.

Decididos a impedir que isso acontecesse, Pompeu e outros inimigos de César convenceram o Senado a enviar uma ordem para que ele deixasse seu exército na Gália e voltasse imediatamente a Roma.

Se não obedecer a esta ordem — dizia a mensagem do Senado — será considerado inimigo da república.

César sabia o que isso significava. Se voltasse sozinho a Roma, seus inimigos levantariam falsas acusações, ele seria julgado por traição e impedido de se eleger cônsul.

Reuniu, então, os soldados de sua melhor legião e contou-lhes que conspiravam para levá-lo à ruína. Os veteranos, que o tinham seguido em tantas batalhas e ajudado em tantas vitórias, declararam que o acompanhariam. Iriam com César a Roma e exigiriam que recebesse as devidas recompensas. Abriam mão do soldo e ainda estavam dispostos a dividir as despesas da longa marcha.

Estandartes tremulando ao vento, as tropas seguiram em direção a Roma. O entusiasmo dos soldados era ainda maior que o de César. Subiram montanhas, vadearam rios, suportaram a fadiga e enfrentaram toda sorte de perigos por lealdade ao comandante.

Finalmente chegaram a um riacho chamado Rubicão, que marcava a fronteira da província da Gália; do outro lado era a Itália. Chegando à margem, César parou por um momento.

Sabia que cruzar o riacho seria declarar guerra a Pompeu e ao Senado, o que poderia envolver Roma inteira numa disputa temerária, cujo fim não se podia prever.

— Ainda podemos voltar — disse a si mesmo.
— Atrás de nós está a segurança mas, uma vez cruzado o Rubicão, será impossível voltar atrás. A escolha é agora.

Não hesitou por muito tempo. Deu o sinal e atravessou ousadamente as águas rasas.

— Atravessamos o Rubicão! — gritou ao atingir a outra margem — Não há mais volta!

A notícia correu pelas estradas e atalhos que levavam a Roma: César atravessara o Rubicão! Gente de todas as vilas e cidades acorria para dar as boas vindas ao herói em sua marcha pelos campos. Quanto mais se aproximava de Roma, maior o ardor das celebrações de sua chegada. Por fim, César e suas tropas atingiram os portões da cidade. Não havia soldados de prontidão, nem resistência à sua entrada em Roma. Pompeu e seus aliados tinham fugido.

Por mais de dois mil anos, quando as pessoas se vêm frente a uma decisão que requer ousadia, pensam em César na margem do riacho, antes de decidirem cruzar seu próprio Rubicão.

(In: *O Livro das Virtudes*, William J. Bennett, adaptado por James Baldwuin, Editora Nova Fronteira, 1995.)

A ARTE DE VIVER

ELIS REGINA - Intérprete de música popular brasileira, nascida em Porto Alegre. Iniciou sua vida artística desde cedo, transferindo-se, depois, para o Rio de Janeiro e, posteriormente, fixando-se em São Paulo. Elis é considerada a melhor intérprete musical dos últimos tempos. Participou de muitos "shows" por todo o Brasil e no exterior, bem como de festivais musicais. Realizou programas de auditório e *shows* que permaneceram muito tempo em cartaz como *O Fino da Bossa* e *Falso Brilhante*. São muitas as músicas que interpretou e dentre elas destaca-se *Arrastão*, um dos seus primeiros grandes sucessos. (1945 - 1982).

> *A vida me deu uma porção de coisas boas e também muita luta, mas não me queixo. Tudo foi válido.*

A ARTE DE VIVER

A arte de celebrar

Roberto Shinyashiki

Celebre suas vitórias. Todas elas.
Um novo conhecimento.
Algo que conseguiu.
A mais recente realização.
Celebre ter começado algo. E, principalmente, ter concluído.
Celebre uma decisão.
Saiba que celebrar é a melhor maneira de criar energia positiva para as coisas que acontecem em sua vida.
Permita que seus amigos, sua esposa, seu marido, sua família celebrem com você.
Isso cria uma aura de realizações ao seu redor!

(In: *Sem Medo de Vencer*, Roberto Shinyashiki, Editora Gente, 1993.)

> "Dentro de nós está o poder do consentimento para a vitória e o fracasso; a saúde e a doença; a liberdade e a escravidão; somos nós que controlamos isso e não os outros."

Richard Bach
(Escritor norte-americano)

A ARTE DE VIVER

O jogo do poder

Michael Korda

É a ânsia pelo poder que mantém a maioria das pessoas trabalhando. Então, o que nos está sendo oferecido não é mais, apenas, a oportunidade de riqueza ilimitada, mas a chance de conquista de poder limitado, com a vantagem de que a satisfação alcançada não pode ser taxada nem fica sujeita à depreciação por parte dos especuladores internacionais. Nas modernas corporações o dinheiro não é mais a finalidade — ou o aguilhão. O mais bem-sucedido executivo de uma corporação dificilmente pode aspirar, a mais do que uma crescente suficiência, em termos de renda, e a real finalidade da maioria dos empregados é congregar uma série de benefícios, que lhes permitam manter-se durante o período normalmente escasso de dinheiro entre a aposentadoria e a morte, partindo do princípio de que sobreviverão para enfrentar essa sombria antecipação da própria morte. Tal como o Cristianismo, a corporação oferece conforto num problemático futuro, em troca de sacrifícios e boas ações no presente.

Simplesmente, não se pode motivar as pessoas com a simples ameaça de uma velhice de miséria — é preciso oferecer alguma motivação para o presente. A oportunidade de conquistar e dispor de poder fornece precisamente essa motivação; por isso, muitas corporações consideram de seu interesse encorajar o jogo do poder. Daí o fato de existir em cada empresa um jogo do poder "doméstico", ou "da casa", cujas regras e prêmios são determinados pela gerência. O jogador astuto deve jogar o jogo da organização como se fosse dele próprio, mas mantendo-se consciente de que ganhar o jogo de outrem não significa necessariamente o seu próprio jogo — na verdade, a vitória obtida num jogo estabelecido pela gerência de uma companhia ou desenvolvido dentro do âmbito das tradições da companhia pode, no final das contas, levar a pessoa a perder o seu próprio jogo. O jogador deverá, por isso, desconfiar automaticamente da maioria das promoções dos títulos, das distinções simbólicas e dos aumentos, quando isso lhe é oferecido — o que não quer dizer que deva recusar ou maldizer abertamente o que lhe oferecem. Seria bom lembrar o seguinte aviso: "O poder não pode, rigorosamente falando, ser dado a outrem, porque, nesse caso, o recebedor ficaria devendo esse mesmo poder ao doador. De certo modo, o poder tem que ser assumido, tomado, reivindicado. Se ele não pode ser tomado *contra* uma oposição, não é *poder* e nunca será sentido como realidade por parte de quem o recebe". O que nos é *dado*, por mais atrativo que pareça, é quase sempre uma armadilha.

(In: *Exame - Poder — Como Conquistá-lo, Como Utilizá-lo*, Michael Korda, Editora Abril, 1986.)

A ARTE DE VIVER

JESUS DE NAZARÉ (O Cristo) - Fundador da religião cristã e marco cultural da civilização moderna. Nasceu na aldeia de Nazaré, no ano 5 ou 7 da nossa Era. Não deixou nada escrito. Sua vida é contada pelos evangelistas e constitui a essência do Novo Testamento. Ensinava por parábolas e aforismos.

Acusado de traição contra o império romano e os religiosos da época, foi condenado e morreu crucificado em 34 a 37 d.C. É considerado pelo cristianismo como a maior personalidade da história da Humanidade.

> **Tende bom ânimo. Eu venci o mundo.**

Não volte nunca!

Beethoven

Continue para a frente. As dificuldades que encontrar ir-se-ão resolvendo por si mesmas, à medida que for avançando.

Não volte para trás, e a luz refulgirá para iluminar, cada vez com mais claridade, o seu caminho.

Domine o seu trabalho, e as suas emoções desalentadoras, mas não consinta que elas o dominem.

Não seja de prata, pois bem sabe que pode ser de ouro.

"O gênio compõe-se de dois por cento de talento e de noventa e oito por cento de aplicação perseverante".

A ARTE DE VIVER

ARQUIMEDES - Matemático e inventor grego. É considerado o precursor do método experimental nas ciências exatas. Sua vida é cercada de lendas, tornando imprecisas as informações biográficas. Supõe-se ter nascido em Siracusa e que era filho do astrônomo Fídias. Arquimedes foi o autor de muitos inventos entre eles a balança hidrostática e o "parafuso de Arquimedes" usado para a sucção de água. Estudioso polivalente dedicado à matemática, física, engenharia, geometria e astronomia. Foi o autor da inusitada palavra "Eureka", após ter um lampejo de intuição sobre a solução de um problema que lhe fora confiado pelo rei Hierão. (287 - 212 a.C.)

> **Dê-me uma alavanca bem comprida e um ponto de apoio bastante forte e sozinho moverei o mundo.**

A ARTE DE VIVER

Como obter o "sentimento de vitória"

Maxwell Maltz

Nosso mecanismo criador automático é teleológico. Quer dizer, opera em termos de objetivos e resultados. Desde que lhe damos um alvo definido para atingir, podemos confiar em que seu sistema de direção automática nos levará a esse alvo muito melhor do que "nós" seríamos capazes de fazer através do raciocínio consciente. "Nós" fornecemos o alvo, ao pensarmos em termos de resultados finais. Nosso mecanismo automático, então, fornece os "meios" para alcançá-lo. Se nossos músculos precisarem, para isso, executar algum determinado movimento, nosso mecanismo automático os guiará de maneira muito mais precisa e delicada do que nós poderíamos fazer pelo raciocínio. Se precisarmos de idéias, nosso mecanismo automático está, também, apto a fornecê-las.

Pense em termos de possibilidades

Mas para conseguirmos isso — "nós" precisamos fornecer o objetivo. E para fornecermos um objetivo capaz de ativar nosso mecanismo criador, precisamos pensar no objetivo *em termos de uma possibilidade atual*. A *possibilidade* do objetivo deve ser vista de maneira tão nítida que se torne "real" para o nosso cérebro e sistema nervoso. Tão real, na verdade, que fará com que sejam evocados sentimentos iguais aos que ocorreriam se o alvo já tivesse sido alcançado.

Isto não é tão difícil nem tão místico como possa parecer à primeira vista. O leitor e eu fazemos isso todos os dias. Por exemplo, o que são as inquietações em torno de possíveis resultados adversos, acompanhadas de sentimentos de ansiedade, incapacidade, ou talvez humilhação? Sentimos, praticamente, de antemão, as mesmas emoções que seriam adequadas para o caso de termos fracassado. Desenhamos para nós mesmos o fracasso, não vagamente, nem em linhas gerais, mas vividamente e com abundância de detalhes. E repetimos para nós mesmos imagens de fracasso, muitas e muitas vezes. Procuramos na memória e de lá tiramos imagens de fracassos passados.

Lembre-se do que frisamos antes: nosso cérebro e sistema nervoso não distinguem a diferença entre a experiência real e a que foi *vividamente imaginada*. Nosso mecanismo criador automático sempre age e reage adequadamente ao meio ambiente, às circunstâncias ou à situação. A única informação de que ele dispõe sobre o meio ambiente, as circunstâncias ou a situação é *aquilo que pensamos ser verdade* a respeito dessas coisas.

Nosso sistema nervoso não distingue um fracasso verdadeiro de um fracasso imaginário

Assim, se nos detivermos no fracasso e continuamente o desenharmos para nós mesmos, com detalhes tão nítidos que ele se torne "real" para o nosso sistema nervoso, experimentaremos todos os sentimentos que acompanham o fracasso. Por outro lado, se conservarmos, em mente, o nosso alvo positivo, se o desenharmos para nós mesmos de maneira vívida a ponto de o tornar "real", e nele pensarmos em termos de fato consumado, experimentaremos, por igual razão, os "sentimentos de vitória": autoconfiança, coragem, e fé em que os resultados serão os que desejamos.

Não podemos, conscientemente, espiar dentro do nosso mecanismo criador e ver se ele está engrenado para o êxito ou para o fracasso. Mas podemos determinar sua "tendência", por meio dos nossos sentimentos. Quando ele está "armado para o êxito", experimentamos o "sentimento de vitória".

Preparando sua maquinaria para o êxito

E se segredo existe para o controle do seu mecanismo criador inconsciente, tal segredo é este: invoque, capture o *sentimento de êxito*. Quando nos sentimos vitoriosos e confiantes, agimos com êxito. E se esse sentimento for realmente forte, de maneira nenhuma fracassaremos. Não é o "sentimento de vitória", em si, que nos leva a agir com êxito; ele é antes um indício ou sintoma de que estamos engrenados para o êxito. É mais como o termômetro, que não traz calor a uma sala — ele mede o calor. Contudo, podemos usar esse termômetro de forma muitíssimo prática. Lembre-se: Quando você experimenta o "sentimento de vitória", sua maquinaria interna está engrenada para o êxito.

Um exagerado esforço consciente para conseguir a espontaneidade tende a destruir a ação espontânea.

É muito mais fácil e eficiente definir, simplesmente, o seu objetivo. Desenhe-o, mentalmente, de maneira clara e vívida. Basta depois capturar o *sentimento* que você experimentaria se o objetivo tivesse sido atingido. Você estará, então, agindo de maneira espontânea e criadora. Estará usando os poderes do seu subconsciente. Sua maquinaria interna estará, então, engrenada para o êxito: para orientar você no sentido de fazer os movimentos e ajustes musculares corretos; para supri-lo de idéias criadoras, e fazer tudo que for preciso para transformar o objetivo em fato consumado.

"Isto é difícil mas pode ser feito"

Há realmente mágica nesse "sentimento de vitória". Ele é, aparentemente, capaz de eliminar obstáculos e impossibilidades. Pode usar erros e falhas para alcançar o sucesso. J. C. Penney conta como ouviu o pai dizer em seu leito de morte: "Sei que Jim vencerá na vida". Daquele dia em diante, Penney sentiu que teria êxito — seja lá como fosse, embora não possuísse bens, nem dinheiro, nem grande instrução. A cadeia de lojas J. C. Penney foi erguida sobre muitas circunstâncias impossíveis e momentos desencorajadores. Sempre, porém, que Penney se sentia desanimado, lembrava-se da predição do pai e então "sentia" que, de uma forma ou outra, encontraria meios de vencer o obstáculo que tinha pela frente.

Após fazer fortuna, perdeu-a numa idade em que a maior parte dos homens já estão, de há muito, aposentados. Achou-se sem vintém, já em idade madura, e com poucas evidências tangíveis que lhe alimentassem novas esperanças. Mas de novo lhe vieram à memória as palavras do pai, e ele sem demora reconquistou o sentimento de vitória, que agora já lhe era habitual. Reconstruiu a fortuna, e dentro de poucos anos operava com maior número de lojas do que antes.

Disse Henry J. Kaiser: "Quando tenho uma tarefa áspera e desafiadora para ser feita, procuro alguém que tenha entusiasmo e otimismo pela vida, que enfrente seus problemas cotidianos com animada confiança, que demonstre coragem e imaginação, que tempere seu espírito alegre com planejamento cuidadoso e trabalho duro, e que diga: — "Isto é difícil, mas pode ser feito."

Como o sentimento de vitória trouxe êxito a Les Giblin

Les Giblin, fundador da famosa Clínica de Relações Humanas Les Giblin, e autor do livro *How to Have Power and Confidence in Dealing With People* (Como Ter Poder e Confiança no Trato com as Pessoas), leu o primeiro rascunho deste capítulo, depois me contou como a imaginação, mais o sentimento de vitória, obraram como mágica em sua própria carreira. Les Giblin, fora durante anos, excelente vendedor e gerente de vendas. Havia feito alguns trabalhos de relações públicas, e ganhara certa reputação como especialista em relações humanas. Gostava do trabalho, mas queria ampliar seu campo de atividades. Seu grande interesse eram os seres humanos, e após anos de estudo, tanto teórico como prático, acreditou que tinha algumas soluções para os problemas que os homens, às vezes, têm com seus semelhantes. Queria fazer conferências sobre relações humanas. Seu grande obstáculo, porém, era sua pouca experiência de falar em público.

"Uma noite", disse-me Les, "estava eu deitado, meditando no meu grande desejo. A única experiência que tinha tido como orador foi quando me dirigia a pequenos grupos de meus próprios vendedores em reuniões de vendas, e um pouco, também, no Exército, onde servi como instrutor. O próprio pensamento de me erguer, diante de um grande auditório, me aterrorizava. Não podia imaginar, a mim mesmo, fazendo tal coisa com êxito. E, no entanto, era capaz de falar aos meus vendedores com absoluta naturalidade. E falava a grupos de soldados sem nenhum constrangimento. Ali, deitado na cama, recapturei, mentalmente, o sentimento de êxito e confiança que eu tinha quando dirigia a palavra a esses pequenos grupos. Recordei todos os pequenos detalhes incidentais que acompanharam minha sensação de autoconfiança. Depois, em imaginação, vi a mim mesmo, em pé, diante de um gigantesco auditório, discorrendo sobre relações humanas — e ao mesmo tempo experimentando a sensação de aprumo e confiança que tivera diante dos pequenos grupos. Vi a mim mesmo em detalhe, exatamente como iria me pôr de pé. Sentia até a pressão dos pés no soalho, via a expressão das pessoas, e ouvia-lhes os aplausos. Vi a mim mesmo discursando com brilho — e com retumbante êxito.

"Alguma coisa pareceu estalar em minha inteligência. Sentia-me eufórico. Naquele preciso momento, senti que "seria capaz". Eu fundira o sentimento de confiança e êxito do passado ao quadro de minha carreira futura, o qual eu desenhara na imaginação. Era tão real o meu sentimento de êxito que eu não tinha mais dúvidas de que triunfaria. Consegui o que você chama de "sentimento de vitória", que aliás nunca mais me abandonou. Embora parecesse não haver porta aberta para mim naquela ocasião, e o desejo se afigurasse irrealizável, em menos de três anos vi meu sonho concretizar-se — quase exatamente igual, até nos pormenores, ao que eu imaginara e sentira. Por ser eu relativamente desconhecido, e como carecia de experiência, nenhuma agência queria me dar trabalho. Isso, porém, não me deteve. Passei a ser meu próprio empresário, como ainda sou. E tenho mais compromissos para palestras e conferências do que jamais poderei atender."

Hoje Les Giblin é conhecido como grande autoridade em relações humanas. Não é raro, para ele, ganhar vários milhares de dólares em uma só noite de trabalho. Mais de duzentas, entre as grandes, firmas norte-americanas, lhe pagaram já, milhares de dólares para dirigir clínicas de relações humanas entre seus funcionários. Seu livro *How to Have Confidence and Power* (Como Ter Confiança e Poder) se tornou um clássico na matéria. E tudo começou com um quadro em sua imaginação, e mais aquele "sentimento de vitória".

Como a ciência explica o sentimento de vitória

A ciência da Cibernética projeta nova luz sobre a maneira como atua o sentimento de vitória. Mostramos anteriormente como os servo-mecanismos eletrônicos utilizam dados acumulados, comparáveis à memória humana, para "relembrar" ações bem sucedidas e repeti-las. O aprendizado de uma aptidão é sobretudo questão de se fazerem tentativas (errar-e-acertar) até que um certo número de ações bem sucedidas fique registrado na memória.

Os cientistas especializados em Cibernética construíram o que chamaram de "rato eletrônico", que é capaz de descobrir o caminho através de um labirinto. Na primeira tentativa o rato comete grande número de erros. Ele constantemente vai de encontro a paredes e obstruções. Mas cada vez que dá com uma obstrução, vira 90 graus e tenta de novo. Se for de encontro a outra parede, dá outras virada e vai de novo para a frente. Finalmente, após muitos erros, paradas e viradas, o rato atravessa o labirinto. O rato eletrônico, porém, "se lembra" das viradas bem sucedidas, e na vez seguinte reproduz os movimentos certos, atravessando o labirinto com rapidez e eficiência.

A finalidade do exercício é fazer tentativas repetidas, corrigir constantemente os erros, até marcar um "tento". Após obter-se um molde de ações bem sucedidas, esse molde é armazenado não somente no que chamamos de "memória consciente", como também em nossos próprios nervos e tecidos. A linguagem popular é muitas vezes surpreendentemente intuitiva e descritiva. Quando dizemos: "Eu sentia nos ossos que seria capaz de fazer tal coisa", não estamos muito longe da verdade. Descrevemos assim, de maneira muito adequada, os últimos conceitos científicos do que se passa na mente humana quando aprendemos, imaginamos ou recordamos.

(In: *Liberte sua Personalidade*, Maxwell Maltz, Editora Bestseller, 1965.)

A ARTE DE VIVER

PLATÃO - Filósofo grego, discípulo de Sócrates. Era cidadão ateniense. Absorveu do mestre, o método de ensino: a maiêutica. Difundiu a filosofia socrática. Alguns comentaristas históricos atentam para a simbiose entre o pensamento socrático e o platônico, por não se saber onde começa e onde termina o pensamento de um e de outro. Platão era defensor da Justiça. Sua obra *A República*, na qual idealizou uma cidade comunal, é considerada a primeira utopia da história. (427 - 347 a.C.).

> **A primeira e melhor vitória é conquistar a si mesmo.**

A ARTE DE VIVER

Sim, eu posso!*

Anônimo

Se você *pensa* que está vencido, você está,
Se você *pensa* que não ousa, não o faz.
Se você gostaria de vencer, mas *pensa* que não pode,
É quase certo que não vencerá.

Se você *pensa* que perderá, já perdeu,
Pois neste mundo constatamos
Que o sucesso começa com a vontade,
Que é tudo um estado de espírito.

Se você *pensa* que está superado, já está,
Você precisa *pensar alto* para subir
É preciso confiar em si mesmo
Antes de poder ganhar um prêmio.

As vitórias da vida nem sempre vão
Para o mais forte ou mais rápido,
Mas, cedo ou tarde, quem vence
É aquele que *pensa que pode!*

---

* Poema intitulado *Yes, I Can*.

> "Não são os grandes planos que levam à vitória, são os pequenos detalhes."

Stephen Kanitz
(Consultor administrativo)

A ARTE DE VIVER

Aprimore-se,
Mas nem Tanto

O seu Bem-estar é um produto a ser fabricado. Todo produto precisa de matéria-prima, e qualquer produto vai melhorar se a matéria-prima melhorar.

A matéria-prima do seu Bem-estar é você, de modo que aprimore a sua qualidade, aprimore os seus dotes e aprimore o seu valor intrínseco, a fim de aprimorar o produto final, o seu Bem-estar.

O seu Bem-estar se fabrica por meio de você. Você é o meio, enquanto que o Bem-estar é a meta.

Não confunda o meio com a meta.

Aprimore as suas qualidades sim, mas não perca de vista que a sua genuína meta é o Bem-estar.

Aprimore-se e use a inteligência que Deus lhe deu.

Ser inteligente não significa possuir um altíssimo teor de Q.I., mas é utilizar com eficiência o teor de Q.I. que você possui.

É você bastante inteligente?

É claro que é, porque o seu próprio desejo de melhorar, é uma prova mais do que evidente de sua inteligência.

A sua decisão de começar a participar da realidade e de querer construir racionalmente o seu

Bem-estar, é também, inteligência.

A inteligência deve ser usada para não confundir as suas metas com os seus meios. Sempre a meta é preponderante sobre o meio.

No capítulo anterior você percebeu a preponderância da harmonia sobre o equilíbrio.

A sua meta é a harmonia, enquanto que o equilíbrio é o meio necessário para atingir a meta.

Nunca deve esquecer que a sua meta é a harmonia nos convívios, e não o seu aprimoramento individual.

Deixe, portanto, de se aprimorar exageradamente, porque isso poderá adiar, ocultar, ou até lhe impedir a sua harmonização.

Entenda bem mesmo, a diferença entre o meio e a meta.

Veja, por exemplo, o caso de um lápis que você quer apontar.

O lápis é novo, ainda não utilizado.

Você tem que apontá-lo para escrever.

A sua meta é escrever.

O meio para escrever é o lápis.

Pegue uma faca e comece a apontar o lápis.

Um canivete, entretanto, aponta melhor.

Pois aponte o seu lápis com o canivete.

Mas com uma gilete, você vai apontar com mais requinte.

Para que a ponta do seu lápis seja mais esmerada, você vai utilizar, em seguida, uns apontadores modernos, elétricos, e até uns super-apontadores de finíssima precisão.

E continue assim, apontando o seu lápis, para que o traço de grafite se perfile cada vez mais fino e mais fino.

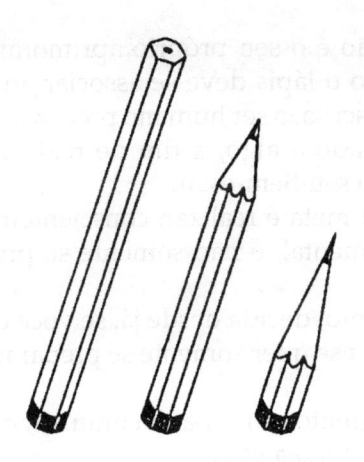

Veja a figura acima.

A medida que o lápis se aprimora, ele também diminui. Pouco a pouco, tudo o que sobra daquele lápis é só um pó de grafite junto a umas casquinhas de madeira.

A sua exagerada intenção de aprimorar a ponta do lápis, inutiliza o lápis antes de ele poder ser utilizado.

Você esqueceu que apontar o lápis era só um meio, não uma meta.

A meta proposta era o escrever.

Escrever, teria sido a conjugação harmônica entre o lápis e a folha de papel.

Teimar em superar encarecidamente uma qualidade já satisfatória, confunde o meio com a finalidade real.

Assim como o aprimoramento da ponta do lápis era só um meio, do mesmo modo, o aprimoramento de um ser humano é meramente um meio, mas não um fim, não uma meta. O genuíno propósito do homem, não é o seu próprio aprimoramento, mas assim como o lápis deve se associar ao papel para realizar a escrita, o ser humano precisa associar a sua personalidade a algo, a fim de realizar harmoniosamente o seu Bem-estar.

A sua meta é realizar, conscientemente, a sua harmonia mental, e não somente se preparar para realizá-la.

Portanto, decida desde já, se você quer viver a sua vida, ou se quer somente se preparar para viver a sua vida.

O avarento acumula e acumula, vivendo miseravelmente toda a vida.

Mesmo tendo, plenamente, um Bem-estar material, ele não o utiliza.

O dinheiro dele devia ter sido o meio da vida e não a meta.

Acumular é o erro que transforma sempre um meio numa meta.

Aprimore-se sim, mas conscientize-se que em sua fase Vivencial você deve viver a sua vida, e não somente se aprimorar.

Utilize aquilo que você aprimora à medida em que você vive.

Não seja teimoso em querer superar por demais as suas qualidades, especialmente quando elas já forem satisfatórias.

Evite esmerar, em demasia, o seu primor mental, e não esqueça que a razão da sua vida é o seu Bem-estar mental.

O seu Bem-estar é a real motivação da sua vida.

(In: *Conviviologia - A Ciência do Convívio*, Ilie Gilbert, Editora Ibrasa, 1979.)

A ARTE DE VIVER

BUDA (Siddhartha Gautama) - Líder espiritual do Oriente, nascido em Kapilavastu, no sopé do Himalaia, em território do atual Nepal. Filho do rei Suddhodana (reino dos Sakyas), despojou-se de sua fortuna para se dedicar a ensinar a Verdade. É considerado o fundador do Budismo. Não deixou nada escrito. (556 - 476 a.C.).

"
Por mais que na batalha se vença um ou mais inimigos, a vitória sobre si mesmo é a maior de todas as vitórias.
"

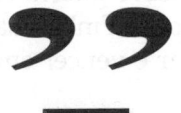

A arte da guerra

Sun Tzu

A arte da guerra é de importância vital para o estado. É uma questão de vida ou morte, um caminho tanto para a segurança como para a ruína. Assim, em nenhuma circunstância deve ser negligenciada.

Dessa maneira começa o notável documento escrito em chinês há uns 2.500 anos, que James Clavell, autor de fama mundial, considera absolutamente vital para a nossa sobrevivência nos dias de hoje: um livro para ser lido não por todo comandante-em-chefe e todo oficial, mas por qualquer pessoa interessada na paz. Pois, se o verdadeiro objetivo da guerra é a paz, aqui estão os meios de alcançá-la.

Sun Tzu foi um filósofo antes de se tornar um general, e discute todos os aspectos da guerra, do tático ao humano, numa linguagem, ao mesmo tempo, penetrante e poética. E James Clavell cita os seus preceitos para mostrar como são aplicáveis no mundo de hoje — tanto no mundo dos negócios como no mundo da vida cotidiana.

Sun Tzu começa com a preparação dos planos, passa ao capítulo sobre guerra efetiva, em seguida ao intitulado "A Espada Embainhada"; porque, como Sun Tzu diz: "Lutar e vencer em todas as batalhas não é a glória suprema; a glória suprema consiste em quebrar a resistência do inimigo sem lutar." Ele cobre os pontos fracos e fortes de um exército; a maneira de manobrá-lo; táticas especiais para situações especiais; o exército em marcha; os diversos tipos de terrenos; quando atacar e quando não atacar; ataque pelo fogo; e, mais importante, o emprego de espiões.

A Arte da Guerra chamou a atenção de Ho Lu, Rei de Wu, que o nomeou general.

A partir de então e durante quase duas décadas — até à morte de Sun Tzu e do rei — os exércitos de Wu venceram os seus inimigos tradicionais.

"Se você conhece o inimigo e conhece a si mesmo, não precisa temer o resultado de cem batalhas.
Se você se conhece mas não conhece o inimigo, para cada vitória ganha sofrerá, também, uma derrota.
Se você não conhece nem o inimigo nem a si mesmo, perderá todas as batalhas..."

(In: *A Arte da Guerra*, Sun Tzu, tradução e notas de James Clavell, Editora Record, 1984.)

A ARTE DE VIVER

DEMÓCRITO - Filósofo grego, nascido em Abdera, Trácia. Quase nada sobreviveu das obras de Demócrito, que somariam cerca de 72 livros. Sua obra é conhecida através de referências feitas por outros autores. Demócrito era conhecido como "o Filósofo Risonho". Ficou famoso devido à teoria atomística que desenvolveu e que é semelhante às teorias modernas sobre a estrutura da matéria. Suas conclusões nasceram da introspecção e intuição, pois que, à época, não havia instrumentação científica para experimentações. (470 - 380 a.C.).

> **Lutar contra si mesmo é difícil; mas o homem de bom senso consegue a vitória.**

A ARTE DE VIVER

O jogo infinito

Marilyn Ferguson

Em *Finite and Infinite Games*, James Carse (Macmillan, 1986), um professor popular de religião da Universidade de Nova York, capturou na metáfora a confusão essencial de forma para a substância. Estabeleceu as opções — a vida como um contexto apavorante ou uma aventura sem fim. "O jogo finito e jogado com o propósito de ganhá-lo; o infinito com a finalidade de continuarmos jogando."

Os jogos finitos tem começos finitos, finais, papéis, limites e regras que não podem ser mudados durante a partida.

As regras do jogo infinito "são como a gramática de uma língua viva, enquanto as do jogo finito são como as regras de um debate". O jogo infinito evolui, nunca acaba.

As sociedades servem para dar e manter diplomas (chefe de uma junta, rainha das torcidas etc) que servem como atestados de que alguém ganhou. Embora pareça que assumimos nossos papéis livremente, logo vemos que são muito necessários. Escondemos nosso livre-arbítrio de nós mesmos.

As surpresas, que podem acabar com um jogo finito, são o motivo para que o jogo infinito continue. "O jogo finito pela vida é sério; o jogo infinito da vida é fonte de alegria (...) por aprendermos a começar algo não poderemos terminar."

Carse faz outras distinções: a sociedade é uma coleção de jogos finitos; a cultura é infinita. "Na medida em que foi verdadeira cultura, a Renascença nunca terminou. Qualquer pessoa pode entrar na sua modalidade de visão renovadora."

(In: *O Livro de Pragmágica*, Marilyn Ferguson, Record/ Nova Era, 1994.)

A ARTE DE VIVER

SÊNECA (Lucius Annaeus) - Orador, filósofo e escritor, nascido em Córdoba. Muito cedo foi para Roma, onde se formou. Escreveu várias obras em verso e prosa, tais como tratados filosóficos, tragédias e epístolas morais. Foi preceptor e conselheiro de Nero, escrevendo para este, *O Tratado da Clemência*, a fim de prepará-lo para ser o futuro soberano de Roma. A data de seu nascimento é discutida por alguns. (01 a.C. - 65 d.C.).

❝

Que todo esforço tenha, pois, um alvo preciso e seja apropriado para um resultado vitorioso.

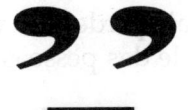

❞

A ARTE DE VIVER

É o entusiasmo que faz a diferença

Norman Vincent Peale

S. S. Kresge, fundador do imenso império de cerca de mil lojas varejistas que trazem seu nome, teve o calmo, tranqüilo entusiasmo que derruba obstáculos e alcança resultados espetaculares. Aquele homem notável viveu noventa e nove anos e meio, e seus filantrópicos donativos beneficiaram milhares de pessoas.

A história de Kresge está na tradição da saga americana: da pobreza para o sucesso, nutrido pelas altivas virtudes holandesas da Pensilvânia, de trabalho árduo, economia, escrupulosa honestidade, fé e entusiasmo. Era o Sr. Kresge, piedoso cristão, pessoa de senso prático, pensador lúcido, dotado de jocoso senso de humor. Quando Harvard lhe concedeu diploma honorífico, e ele teve de responder com um discurso, levantou-se, e disse: "Jamais ganhei um níquel falando." E sentou-se. Foi, provavelmente, a oração mais curta algum dia feita naquela universidade, e talvez uma das mais sensatas. Durante a sua existência ele realizou uma fortuna de duzentos milhões de dólares, mas distribuiu a maior parte. Jamais perdeu de vista a presença de Deus e a dignidade das pessoas. Para usar de suas próprias palavras: "Tentei deixar o mundo como um lugar melhor do que encontrei."

Certa feita perguntei-lhe qual era o segredo de sua extraordinária vida:

"— Tenho uma filosofia simples — disse ele. — Deite-se cedo e levante-se cedo. Não coma demais e trabalhe duro. Ajude os outros e não deixe ninguém irritá-lo. Cuide do que lhe diz respeito. Seja entusiasta. E conserve a mente sempre voltada para Deus."

Com essa simples filosofia ele atravessou a vida construindo, sempre construindo, com entusiasmo e fé.

" — Quando uma pessoa começa de baixo e aprende a economizar aos bocadinhos, tudo se torna mais fácil" — declarava o Sr. Kresge.

E isso é verdade, se tivermos o caráter e a coragem, a fé e o entusiasmo para continuarmos economizando. Tal capacidade é grandemente auxiliada e favorecida pelo entusiasmo construído, da espécie que ultrapassa barreiras. Que barreiras? Bem, naturalmente, tudo o que bloqueia o caminho para uma vida melhor, de sucesso verdadeiro, de nossa motivação dada por Deus, de fazer o melhor possível com a capacidade que possuímos.

Recentemente uma mulher me procurou depois de ter eu feito uma palestra. Aconteceu ser ela uma antiga condiscípula de ginásio, que desde o dia da formatura eu nunca mais vira.

— Norman — disse-me ela — eu estive estudando você, enquanto o ouvia. Conseguiu realmente muito, com o pouco que tinha para começar.

De início eu me senti diminuído, mas depois compreendi que aquele comentário era, realmente, um elogio. Quando temos pouco para começar e fazemos o melhor que nos é possível com esse pouco, é espantoso verificar a quanto ele pode chegar.

(In: *O Poder do Entusiasmo*, Norman Vincent Peale, Editora Cultrix, 1993.)

> Se a gente não pensar que quer sempre mais, fatalmente terá sempre menos.
> O homem só fracassa quando desiste de tentar.
> Todos os dias me levanto para vencer.

Aristóteles Onassis
(Armador grego — 1902 - 1975)

A ARTE DE VIVER

Você pode transformar o seu mundo

Napoleon Hill

AMP é uma atitude mental positiva e é, também, um dos 17 princípios do sucesso, como veremos adiante. Quando você começar a aplicar uma combinação desses princípios, com **AMP**, na ocupação que escolher ou para a solução de problemas pessoais, estará a caminho do sucesso. Então, estará na pista correta e com a cabeça voltada para a direção certa a fim de conseguir o que quer.

Para realizar qualquer coisa valiosa na vida, é imperioso que você aplique **AMP**, não importa que outros princípios de sucesso você empregar. **AMP** é o catalisador que faz qualquer combinação de princípios de sucesso funcionar, a fim de atingir um fim valioso. AMN*, combinada com alguns dos mesmos princípios, é o catalisador que traz como resultados crime ou pecado. E desgosto, desastre, tragédia — pecado, doença, morte — são alguns de seus prêmios.

---

*Atitude mental negativa. N. do E.

Dezessete princípios de sucesso

Os autores, durante muitos anos, têm pronunciado conferências, dado aulas e mantido um curso de correspondência sobre dezessete princípios de sucesso. O titulo do curso é: AMP: A Ciência do Sucesso. Esses dezessete princípios são:

1. Uma Atitude Mental Positiva.
2. Definição de propósito.
3. Dando um passo extra.
4. Pensamento preciso.
5. Autodisciplina.
6. O Espírito Dominador.
7. Fé aplicada.
8. Uma personalidade agradável.
9. Iniciativa pessoal.
10. Entusiasmo.
11. Atenção controlada.
12. Trabalho em equipe.
13. Aprender com o fracasso.
14. Visão criadora.
15. Equilíbrio de tempo e dinheiro.
16. Manutenção da saúde física e mental.
17. Emprego da força cósmica do habito. (lei universal).

Esses dezessete princípios não são criação dos autores. Foram extraídos da experiência de vida de centenas das pessoas, de maior êxito, que os Estados Unidos conheceram durante o século passado.

Enquanto você viver, deste dia em diante, poderá analisar todo sucesso e todo fracasso —isto se conseguir gravar esses dezessete princípios na memória.

Você pode desenvolver e manter uma permanente Atitude Mental Positiva ao tomar a responsabilidade pessoal de adotar e aplicar os dezessete princípios na sua vida diária.

Não há qualquer outro método pelo qual possa conservar positiva sua atitude.

Analise-se a si mesmo, corajosamente, *agora*, e aprenda qual dos 17 princípios está usando e qual deles tem negligenciado.

No futuro, analise tanto os sucessos quanto os fracassos pessoais, empregando os dezessete princípios como um artifício de medida e muito em breve estará apto para apontar o que o tem atrasado na vida.

Se você tem **AMP** e não tem êxito, o que acontece? Se demonstra **AMP** e não tem sucesso, pode ser que não esteja empregando cada um dos princípios que são necessários, na combinação para o êxito na obtenção de seu objetivo determinado.

(In: *Sucesso Através de uma Atitude Mental Positiva*, Napoleon Hill e W. Clement Stone, Editora Bestseller, 1965.)

A ARTE DE VIVER

ARISTÓTELES - Filósofo grego, discípulo de Platão. Está incluído entre os grandes filósofos do mundo. Além da Filosofia destacou-se, também, no estudo da Biologia e Ciências Naturais. Produziu centenas de obras sobre todos os temas do saber humano. A soma de suas obras constituem a Enciclopédia da Grécia. Foi o criador da terminologia da ciência e da Filosofia usadas até os dias atuais. As obras: Política, Metafísica e Ética, estão entre os legados que ele deixou para a posteridade. (384 - 322 a.C.).

> **O único meio de alcançar a vitória é expressar-se completamente a serviço da humanidade.**

A ARTE DE VIVER

Edson Arantes do Nascimento (Pelé)

Orlando Duarte

Um homem vitorioso

Pelé (1940) - Qualquer pessoa que já o tenha visto jogar concordará que este talentoso atleta é, de fato, o Rei do Futebol, não apenas de sua época, mas de todos os tempos.

Assim que começou a andar, uma bola de meia serviu para que seus incríveis talentos naturais se desenvolvessem e o distinguissem de todos os outros jogadores do mundo. Essas habilidades são tão especiais que em apenas quatorze anos (1956-1969) ele marcou, por incrível que pareça, 1000 gols. E a contagem continuou. Somente durante um ano, 1958, ele marcou 125 gols.

Rapidamente, tornou-se o jogador mais importante do mundo. Suas habilidades fizeram com que o Brasil passasse a considerá-lo um tesouro nacional e, embora ao longo de sua carreira tenha sido alvo da admiração de milhares de pessoas, manteve intacta a sua imagem de ser humano humilde e de amigo das crianças.

Felina astúcia e elegância fizeram com que ele fosse capaz de deslizar ao longo do campo em direção ao gol adversário, esperando uma fração de segundo para acelerar, pegando a defesa de surpresa, e criando inúmeros gols para si mesmo e para outros, a partir de situações aparentemente comuns e improváveis. Como se a bola estivesse amarrada ao seu pé, Pelé podia arrancar como um foguete e parar tão subitamente como começou a se mover, sem nunca perder o controle da bola.

Nenhum jogador, na história do esporte, teve toda a capacidade que Pelé teve de parar qualquer bola em pleno vôo, e de ter domínio absoluto sobre ela, mesmo na corrida; de se elevar acima dos jogadores da defesa do time adversário, mesmo quando muito mais altos, de fazer gols de cabeça, ou de utilizar com tanta esperteza as pernas dos adversários em benefício próprio, fazendo a bola voltar após bater neles, para driblá-los.

Esta capacidade de usar as pernas dos oponentes deixava os elementos da defesa ainda mais inseguros quando Pelé se aproximava. Se essa preocupação resultava em um espaço momentâneo entre as pernas dos adversários, Pelé prontamente explorava essa oportunidade.

A formidável história do sucesso de Pelé começa com seu nascimento na pequena cidade de Três Corações, no Estado de Minas Gerais. Quando Pelé ainda era criança, a família mudou-se para bauru e quando ele tinha onze anos, um jogador de futebol aposentado, chamado Valdemar de Brito descobriu-o em uma pelada e ficou impressionado com sua habilidade em dominar jogadores mais velhos e mais experientes. Nesta época, Pelé jogava em um time chamado Baquinho. Após trabalhar com Pelé durante quatro anos, Valdemar de Brito apresentou-o ao

Santos e foi quando fez uma profecia: Esse jovem de quinze anos seria "O Maior Jogador do Mundo".

Aos 16 anos, Pelé garantiu um lugar no primeiro time do Santos e um ano depois já havia estreado na Seleção contra a Argentina. Pelé foi convocado para a sua primeira Copa do Mundo, na Suécia, em 1958, com a idade "madura" de 17 anos. No entanto, uma contusão impediu que ele jogasse as duas primeiras partidas. Foi então que Pelé fez o gol que ele considera o mais importante de sua carreira, contra o País de Gales. Esse foi o único gol do jogo, garantindo a participação do Brasil nas semifinais e preparando o cenário para o que viria mais tarde. Pelé marcou três vezes contra a França na semifinal, e mais duas vezes na final, levando o Brasil ao seu primeiro campeonato mundial. Essa fase também marcou o início do domínio do futebol mundial pelos brasileiros nos anos que se seguiram, trazendo-lhes a vitória em três das últimas quatro copas do mundo (1958-1970) e a posse definitiva da Taça Jules Rimet (Copa do Mundo).

Após marcar um gol no jogo inicial contra o México na Copa do Mundo de 1962 no Chile, Pelé sofreu uma grave distensão muscular ao jogar contra a Tchecoslováquia. Esse acontecimento tirou-o da competição na qual o Brasil sagrou-se campeão.

Na Inglaterra, em 1966, ele marcou um gol em que a bola descreveu uma trajetória curva, característica, em uma cobrança de falta, no jogo de abertura que o Brasil venceu a Bulgária. No entanto, a marcação foi tão cerrada que ele sofreu uma contusão no joelho, que por sua vez o impediu de participar do segundo jogo contra a Hungria. Ele voltou ao campo para jogar contra Portugal, só para sofrer uma entrada violenta de Morais, sendo forçado a sair. Essa amarga experiência fez com que ele anunciasse que nunca mais jogaria em outra Copa do Mundo.

Mesmo assim, voltou, para jogar no México em 1970, e não há dúvida de que o Brasil e o futebol só lucraram com isso. Fez seis gols em seis jogos, aumentando as chances do Brasil de ser classificado para a Copa. Ainda no México, marcou mais quatro gols, incluindo um gol de cabeça, graças ao qual o Brasil conseguiu a vantagem sobre a Itália na final, cujo resultado foi uma vitória de 4 a 1 para o Brasil. Além disso, contribuiu várias vezes para que outros integrantes do time marcassem gols, trazendo mais uma vez ao Brasil a tão almejada Copa do Mundo.

Apesar da grande quantidade de gols, são as ações sutis e inesperadas levadas a efeito por Pelé que permanecem na memória. A virada, o toque calculado na bola, o passe que, de alguma forma, consegue se infiltrar por um labirinto de jogadores e alcançar um colega, que por sua vez coloca a bola na rede. É Pelé, driblando sem encontrar oposição no meio do campo contra a Tchecoslováquia na Copa do Mundo de 1970 que, subitamente, e sem motivo aparente, faz um lançamento de 50 metros em direção ao gol. Os incrédulos espectadores voltaram-se para ver o goleiro recuando, desesperado, para cobrir o gol, da extremidade da área onde julgava estar em uma posição segura para desbaratar qualquer tentativa de ataque. A tentativa não resultou em um gol, por pouco, mas mesmo assim o goleiro tcheco, como muitos outros antes e depois dele, soube que havia sido derrotado pelo Rei.

(In: *Pelé - O Supercampeão*, Orlando Duarte, Makron Books do Brasil Editora, 1993.)

A ARTE DE VIVER

EMERSON (Ralph Valdo) - Ensaísta, conferencista, filósofo e poeta norte-americano, nascido na cidade de Boston. Estudou em Harvard com a perspectiva paterna de se tornar ministro religioso. Por algum tempo Emerson exerceu a função de Pastor em sua cidade natal. Contudo, uma divergência doutrinária fê-lo desistir e retirar-se da Igreja. Desenvolveu a filosofia transcendentalista, exposta em suas obras: *Natureza* e *Sociedade e Solidão*, entre outras. Segundo consta, o transcendentalismo exerceu grande influência sobre a vida intelectual norte-americana do século XIX. (1803 - 1882).

> **Os vencedores da batalha da vida são homens perseverantes que, sem se julgarem gênios convenceram-se de que, só pelo esforço poderiam alcançar a vitória.**

A ARTE DE VIVER

Nunca aceite a derrota

Norman Vincent Peale

Como desenvolver essa atitude persistente e inquebrantável? Bem, para início de conversa, nunca fale em derrota, pois falando corre-se o risco de acabar aceitando a idéia. Certa ocasião, quando eu próprio enfrentava tempos difíceis, um homem da costa oeste, que eu não conhecia, chamou-me ao telefone. Tudo quanto me disse foi apenas isto: "Não se preocupe e não desista. Cuidarei de dizer a Boa Palavra por você." Antes que me fosse possível perguntar que coisa ele entendia por *Boa Palavra*, o homem desligou. Continuo sem saber o que ele pretendeu dizer-me. Mas, subitamente, dei-me conta de que não andava dizendo coisas certas, usando palavras boas e esperançosas. Eu andava falando negativamente. E, assim fazendo, estava resvalando para uma atitude derrotista e, conseqüentemente, para a derrota. De maneira que entrei a dizer palavras boas, palavras como esperança... crença... fé... vitória. E comecei a usar esta poderosa afirmação: querer é poder. Comecei a agir, a pensar e a trabalhar nessa base. Tente fazer o mesmo, e toda a sua personalidade começará a tender para coisas boas, e a alcançá-las também.

Phyllis Simolke abordou num artigo esse conceito de *boa-palavra*, mostrando como é perigoso o uso de palavras negativas. E sugeriu, por exemplo, que se tome em consideração as palavras *mas* e *já*. *Mas:* denota fracasso, derrota, demora. Em contrapartida, *já:* faz renascer esperanças. Trate de mexer-se; cuide, desde *já*, de perseguir implacavelmente, os seus objetivos, até que todos os seus problemas estejam resolvidos e todas as suas dificuldades superadas.

Phyllis também chamou a atenção para as palavras *perder* e *vencer*. Quando tudo na vida parece *perdido* de dificuldades, *perdido* de arrependimento, *perdido* de ineficiência, o aconselhável é substituir essa expressão por outra: *vencer*. Vença cada um dos problemas que se apresentem. Por essa forma, você deixará de estar perdidamente desesperançado e batido e se tornará produtivo e criativo, cuidando de *vencer* vigorosamente todo e qualquer desafio que lhe surja no caminho. Troque o *mas* pelo *já* e o *perder* pelo *vencer*.

Mude sua forma de pensar e comece a encarar os problemas de forma positiva e construtiva. E lembre-se do princípio da persistência: sempre é cedo para desistir.

Na verdade, suas possibilidades de chegar até onde pretende, na vida, não raro dependem de sua forma de reagir diante dos reveses. Você desiste ou continua tentando? Apenas isso. E aquilo que você decide, decide também o seu futuro.

(In: *Você Pode, se Acha que Pode*, Norman Vincent Peale, Editora Cultrix, 1981.)

> **A mais alta das vitórias é o perdão.**

Shiller
(Escritor alemão — 1759 - 1805)

Como criar uma mudança

Anthony Robbins

Para que uma mudança tenha valor, precisa ser duradoura e consistente. Todos nós já experimentamos mudanças por um momento, só para nos sentirmos frustrados e desapontados no fim. Na verdade, muitas pessoas receiam tentar mudar porque acreditam, inconscientemente, que a mudança será apenas temporária. Um bom exemplo disto é o de quem precisa começar uma dieta, mas vive protelando, principalmente por saber, em seu inconsciente, que seja qual for o sofrimento, por que passe, para criar a mudança resultará tão-somente numa recompensa de curta duração.

Durante a maior parte de minha vida procurei o que considero ser os princípios organizadores da mudança duradoura. Você aprenderá muitos desses princípios, e também a utilizá-los, nas páginas seguintes. Mas, por enquanto, eu gostaria de partilhar com vocês três princípios fundamentais de mudança que podemos usar imediatamente para mudar nossas vidas. Embora sejam simples, são extremamente poderosos quando bem aplicados. São exatamente as mesmas mudanças que uma pessoa deve fazer para criar sua mudança pessoal, que uma companhia deve fazer para maximizar seu potencial, e que um país tem de fazer para conquistar seu espaço no mundo. Na verdade, são as mudanças que todos nós — como a comunidade que vive neste mundo — devemos fazer para preservar a qualidade de vida no globo terrestre.

Passo Um:
Levante seus padrões

Sempre que você quiser, sinceramente, efetuar uma mudança, a primeira coisa que precisa fazer é levantar seus padrões. Quando me perguntam o que realmente mudou minha vida oito anos atrás, eu digo que a coisa mais importante foi mudar o que eu exigia de mim mesmo.

Fiz uma lista de todas as coisas que não aceitaria mais na vida, de todas as coisas que não ia mais tolerar, e de tudo o que aspirava a ser.

Pense nas conseqüências, a longo prazo, desencadeadas por homens e mulheres que levantaram seus padrões, e agiram de acordo, decidindo que não tolerariam menos. A história conta os exemplos inspiradores de pessoas como Leonardo da Vinci, Abraham Lincoln, Helen Keller, Mahatma Ghandi, Martin Luther King Jr., Rosa Parks, Albert Einstein, César Chávez, Soishiro Honda e muitos outros, que deram o passo, espetacularmente poderoso, de elevar seus padrões. O mesmo poder de que eles dispuseram você também pode ter, se tiver coragem. Mudar uma organização, uma companhia, um país

— ou o mundo — começa com o simples passo de mudar a si próprio.

Passo Dois:
Mude suas convicções limitadoras

Se você levantar seus padrões mas não acreditar realmente que poderá atingi-los, é que já sabotou a si próprio. Nem chegará a tentar; estará lhe faltando a convicção que tornaria possível usar a capacidade que está escondida dentro de você, inclusive, na hora em que lê estas palavras. Nossas convicções são como ordens inquestionadas, nos dizendo como são as coisas, o que é possível e o que é impossível, o que podemos fazer e o que não podemos. Modelam cada ação, cada pensamento e cada sentimento que experimentamos. Como resultado, mudar os nossos sistemas de convicções é fundamental para realizar qualquer mudança real e duradoura em nossas vidas. Temos que desenvolver a convicção de que podemos e iremos atingir os novos padrões, antes de tentar fazê-lo.

Sem assumir o controle dos seus sistemas de convicções, você pode elevar seus padrões tanto quanto quiser, mas nunca terá a convicção necessária para atingi-los. Quanto você pensa que Gandhi teria conseguido realizar se não acreditasse, com todas as fibras do seu corpo, no poder da não-violência? Foi a consistência de suas convicções que lhe deu acesso a seus recursos interiores, e o capacitou a enfrentar desafios que teriam abalado um homem menos engajado. As convicções fortalecedoras — o senso de certeza — constituem a força por trás de qualquer grande sucesso, ao longo da história.

Passo Três:
Mude sua estratégia

Para manter seu empenho, você precisa das melhores estratégias para alcançar resultados. Uma das minhas convicções básicas é que se você estabelece um padrão mais alto, e pode forçar-se a acreditar, certamente poderá, também, imaginar as estratégias. Você simplesmente descobrira um meio. Eu lhe direi, desde já, que a melhor estratégia, em quase todos os casos, é encontrar um modelo, alguém que já esteja conseguindo os resultados que você almeja, e depois explorar seus conhecimentos. Aprenda o que essa pessoa está fazendo, quais são suas convicções básicas, e como pensa. Isso não só o tornará mais eficaz, como também poupará muito tempo, porque não terá que reinventar a roda. O que você pode fazer é melhorar os detalhes, remoldá-la, e talvez, torná-la ainda melhor.

Este texto ajudará você a elevar seus padrões, descobrindo quais são, atualmente, e definindo o que deseja que sejam; ajudará a mudar as convicções básicas que o estão impedindo de chegar onde deseja, e a ampliar aquelas que já o servem; e também o ajudará a desenvolver uma série de estratégias para produzir os resultados que deseja, com mais vigor, rapidez e eficiência.

Na vida, muita gente sabe o que fazer, mas poucos são aqueles que realmente fazem o que sabem. Saber não é o bastante! É preciso que você entre em ação.

Utilize as recomendações dadas anteriormente e será possível modificar seu desempenho imediata e drasticamente. As vezes o orientador não diz nada de novo, mas lembra algo que você já sabe, e o manda fazer agora. Este é o papel que, com a sua permissão, assumirei para você.

(In: *Desperte o Gigante Interior*, Anthony Robbins, Editora Record, 1993.)

A ARTE DE VIVER

CHICO XAVIER - Escritor paranormal brasileiro, seguidor e divulgador dos ensinamentos kardecistas. Nasceu numa pequena cidade do interior de Minas Gerais. É autor de, aproximadamente, 400 obras psicografadas em mais de 60 anos de trabalho mediúnico. Expressando-se em dois mundos: o material e o espiritual, tem levado paz e cura para muitas pessoas angustiadas e doentes. Chico Xavier é considerado um fenômeno espírita. (1910 -).

> **Emergimos das existências passadas com lutas enormes por vencer.**

A ARTE DE VIVER

As vitórias são obtidas pelos seres humanos

Roberto Shinyashiki

As empresas campeãs são formadas por seres humanos campeões. São as pessoas conscientes, motivadas, treinadas, competentes, participantes que constroem cada uma das vitórias. Pode-se ter a mais moderna das máquinas, mas, se o encarregado de pilotá-la não for bem treinado, ela não vai render. Provavelmente, quebrará e dará prejuízo. Por isso se diz que é o ser humano competente quem dá lucro.

Se você quiser que um médico recém-formado auxilie num transplante cardíaco, terá de treiná-lo para isso.

Quando a empresa necessita que a telefonista atenda bem seus clientes, é preciso treiná-la.

Invista no seu pessoal.

O maior desafio é ajudar alguém a se sentir capaz. Há muitas pessoas que não confiam em si mesmas. Talvez isto ocorra porque nunca ninguém confiou nelas e, no fundo, elas esperam que você faça a mesma coisa. Quando você começar a demonstrar que acredita nelas, a princípio vão estranhar, afinal, você nunca as tratou assim, mas, depois de certo tempo, elas vão perceber que você é uma pessoa especial. O sentimento de gratidão que terão por você fará com que, além de colaboradoras, elas se sintam suas amigas.

(In: *A Revolução dos Campeões*, Roberto Shinyashiki, Editora Gente, 1995.)

A ARTE DE VIVER

VIRGÍLIO (Publius Virgilius Maro) - Poeta épico. Nasceu em Andes, perto de Mântua. Estudou filosofia e leis, mas a história revela que uma timidez inata fê-lo desistir do exercício da advocacia. Dedicou-se à literatura e consagrou-se definitivamente como poeta com a obra *Geórgicas*, poema dedicado à agricultura. Sua obra mais conhecida é *Eneida* que foi escrita em 10 anos. Trata-se de uma epopéia sobre Enéias, desde a destruição de Tróia até sua chegada ao Lácio em terras da Itália. (70 - 19 a.C.).

> **A vitória fica ao lado daquele que ousa.**

A ARTE DE VIVER

McDonald's

John F. Love

Com uma verba publicitária superior a qualquer outra marca isolada e mais canais de venda que qualquer outro comerciante, o McDonald's é, talvez, o nome mais famoso do mundo. Em 1987, segundo as estatísticas, operava em mais de quarenta países (e atualmente, calcula-se que são mais de cem).

1948: Dick e Mac McDonald vendem seu primeiro hamburguer em San Bernardino, Califórnia.

1987: Mais de 55 bilhões já foram servidos.

Contudo, são pouquíssimas as pessoas que conhecem a verdadeira história do fantástico sucesso do McDonald's, sua organização extraordinária e suas inovações em produtos e serviços. Essa história desconhecida e nunca levada a público, da mais bem-sucedida empresa de serviços já criada, é uma das mais fascinantes do mundo dos negócios.

O McDonald's não é conduzido nem por um só homem, nem por um comitê executivo. Na verdade, não é sequer apenas uma companhia. É uma federação de centenas de empresários independentes — *franchisees*, fornecedores e gerentes — unidos numa complexa teia de participação e criatividade. Esses empresários *são* o McDonald's, e sua história inspiradora é um estudo do sistema contemporâneo de *franchising*, que floresce numa escala sem precedentes.

Existe uma profusão de mitos de que o McDonald's foi criação isolada de um só homem: Ray Kroc. A verdade é que Ray Kroc não inventou a *fost-food* nem foi o primeiro a descobrir os irmãos McDonald. Nem foi, também, um gênio de novos produtos ou publicidade. Poucos compreenderam seu verdadeiro brilhantismo — sua habilidade para motivar e aproveitar a força de centenas de empresários.

Pela imposição de rígidos padrões de qualidade, serviço e asseio aos estabelecimentos licenciados e seus fornecedores, Kroc revolucionou a indústria de preparo de alimentos nos Estados Unidos.

Mais do que a história típica de uma corporação, *McDonald's — a Verdadeira História do Sucesso* também fala sobre os irmãos McDonald, a história da indústria de *fast-food*, a disputa interna entre Kroc e Harry Sonneborn, seu sócio quase desconhecido, que concebeu o plano financeiro que tornou o McDonald's o maior proprietário de imóveis comerciais do mundo.

Numa época em que inúmeras corporações americanas copiam suas rivais estrangeiras, o McDonald's conquista seu sucesso seguindo princípios básicos como: originalidade, experimentação e intuição. E até hoje, o McDonald's já levou esses princípios e seu cardápio americano para dezenas de mercados estrangeiros, tornando-se a maior cadeia de restaurantes da Inglaterra, Alemanha, Canadá, Austrália e Japão — na verdade, o varejista americano de maior sucesso no mercado internacional.

(In: *McDonald's — A Verdadeira História do Sucesso*, John F. Love, Editora Bertrand Brasil, 1987.)

A ARTE DE VIVER

OSCAR WILDE - Escritor, dramaturgo, conferencista e crítico literário. Nasceu em Dublin, Irlanda. Estudou em Oxford. Em virtude de sua personalidade contestadora, se indispôs com a aristocracia britânica. Foi acusado por crimes de natureza sexual e, após julgamento, preso e condenado a trabalhos forçados. Entre suas muitas obras destaca-se o romance *O Retrato de Dorian Gray*. Morreu na França, para onde fora, após ter saído da prisão inglesa. (1855 - 1900).

> **Para alcançar a vitória você deve colocar seu talento no trabalho e seu gênio na sua vida.**

A ARTE DE VIVER

O valor da persistência

Olavinho Drummond

"A persistência é o caminho do êxito."
Charles Chaplin

O ato de persistir é uma das condições da vitória. Muitas vezes, a vida mede a nossa fé opondo-nos resistência. Os obstáculos fazem parte da nossa caminhada e render-se a eles demonstra fraqueza.

Não há, na história da Humanidade, um grande homem sequer que não tenha tido uma fé inquebrantável. Somente por meio da persistência e do bom ânimo conseguimos tornar realidade nossos mais ousados sonhos.

Quando se tem a certeza interior de que estamos no caminho certo, nada, nem ninguém, pode ser mais forte que nós mesmos. Possuímos uma força poderosa, capaz de perseverar e conseguir tudo, bastando acreditar firmemente que, mesmo difícil, jamais será impossível.

Aliás, "o impossível é o possível que nunca foi tentado".

Chega quem caminha.

Então caminhe com determinação, jamais duvidando da sua capacidade de vencer. Você pode se acredita que pode.

Todos nós, quando bem intencionados, somos merecedores de uma Vida Nova. E, para tanto, necessário se faz uma ação contínua e persistente no sentido de tornar nossa vida mais próspera e feliz.

Sem esforço não existe vitória.

Persista hoje e sempre.

Persista mais e muito.

E lembre-se. "Um mundo melhor começa em você".

(In: *Vida Positiva*, Olavinho Drummond, Editora Gente, 1995.)

" O Credo da Vitória

- Acredito no potencial ilimitado do ser humano.
- Acredito na responsabilidade do ser livre.
- Acredito na eficácia de se olhar as coisas com otimismo.
- Acredito na livre-empresa.
- Acredito na dignidade da pessoa humana.
- Acredito na América.
- Acredito no poder da perseverança.
- Acredito em Deus.

"

Richard de Vos
(Fundador da Amway)

A ARTE DE VIVER

PNL
A ciência e a arte de conseguir o que você quer

Dr. Harryalder

A Programação Neurolingüística (PNL) diz respeito à maneira como indivíduos vitoriosos em diferentes campos de atividade obtêm resultados notáveis e como seu pensamento e comportamento bem-sucedidos podem ser imitados. Trata daquilo que acontece quando pensamos e do efeito do pensamento sobre o comportamento, nosso e dos demais. Mostra como podemos pensar melhor e, dessa maneira, conseguir mais. A PNL nos ensina como nos comunicarmos, interna e externamente, de um modo que possa fazer a diferença entre mediocridade e excelência. Mas, em vez de simplesmente acrescentar alguma coisa à teoria da comunicação, a PNL é sobretudo prática. Modela a maneira como realizadores notáveis pensam e agem, isso de um modo que você e eu podemos também usar para conseguir os mesmos resultados maravilhosos. A maioria das técnicas que descrevo, neste livro, pode ser experimentada imediatamente, e assim, você consegue obter resultados em diferentes áreas da vida enquanto aprende e, em seguida, construir sobre sucessos.

A PNL é também, facilmente adaptável. Se determinada técnica não funciona de imediato, ela permite que você mude o que faz e a maneira como pensa na situação em que se encontra ou em problemas específicos, até conseguir o que deseja. Uma vez que tenha compreendido alguns princípios fundamentais, poderá fazer com facilidade essas mudanças, obtendo ao mesmo tempo melhor conhecimento de como você, como indivíduo, pensa, e da maneira como seus processos mentais lhe afetam o comportamento — e, conseqüentemente, suas realizações. A PNL fornece um conjunto completo de técnicas mentais para a mudança, que lhe permite assumir o controle de sua vida.

A PNL é, simultaneamente, arte e ciência da excelência pessoal. Arte porque a maneira como pensamos e agimos é específica para cada um de nós e qualquer descrição — em especial de sentimentos, atitudes e crenças — será por força muito subjetiva. É, também, ciência, embora ainda embrionária, porque incorpora métodos bem pesquisados que podem ser usados para identificar padrões do comportamento bem-sucedido.

Tudo começou em princípios da década de 1970, quando John Grinder, lingüista, e Richard Bandler, matemático, psicoterapeuta e especialista em computadores, estudaram os métodos de três destacados psicoterapeutas que, invariavelmente, conseguiam produzir mudanças notáveis em comportamento humano. O dr. Milton H. Erickson tem sido descrito como um dos maiores hipnoterapeutas de todos os tempos, ao passo que Virginia Satir é uma ilustre terapeuta familiar que consegue produzir soluções aparentemente impossíveis para problemas de relacionamento. Gregory Bateson, antropólogo britânico, além de constituir um modelo de realização notável, influenciou profundamente, em seus trabalhos, os fundadores da PNL, Grinder e Bandler. Os métodos que ambos conceberam têm sido desde então aplicados nos campos dos esportes, administração de empresas, governo e desenvolvimento pessoal, atraindo uma grande e, cada vez mais, ampla platéia mundial.

O impacto da PNL já se faz sentir em numerosas esferas de atividades, à medida que suas aplicações se disseminam por um número sempre maior de áreas da vida humana. Seus conceitos simples mas, profundos, bem como uma folha de resultados práticos, contribuíram para seu notável crescimento e ela hoje desafia a posição da psicologia ortodoxa em sua relevância para o homem comum. Simultaneamente, torna muito incompletas e superadas gerações de livros sobre autodesenvolvimento e pensamento positivo.

(In: *PNL (Programação Neurolingüística) e Você*, dr. Harryalder, Editora Record, l996.)

A ARTE DE VIVER

MAHATMA GANDHI - Líder político e espiritual da Índia, cuja sabedoria tornou-o conhecido no mundo inteiro. Através da filosofia da não-violência libertou a Índia do colonialismo britânico. Nasceu em Porbandar (Estado de Kathiavar), ao norte da Índia. Estudou Direito em Londres e lá, sentiu o problema das diferenças culturais. Essa experiência foi importante para o seu intento de libertador. Escreveu mais de duas centenas de livros sobre religião, saúde e política. A obra mais conhecida é a sua autobiografia. Por razões políticas foi assassinado em Nova Delhi em 1948. (1869 - 1948).

> *Só podemos vencer o adversário com o amor, nunca com o ódio.*

A ARTE DE VIVER

Imaginação criativa

Dr. Walter Doyle Staples

Alguns anos atrás, *na revista Reader's Digest*, foi publicado um estudo sobre uma turma de jogadores de basquete do Segundo Grau — todos com habilidades semelhantes — que foi dividida em três grupos de teste para uma experiência. A média da turma para lances livres era de trinta e nove por cento.

Ao grupo I, foi dito para não praticar o lance livre por um mês.

Disseram ao grupo II para praticar o lance livre no ginásio, uma hora, todas as tardes, durante um mês.

Ao grupo III, foi permitido praticar o lance livre somente na imaginação, por uma hora, todas as tardes, durante um mês.

Os resultados indicaram que o desempenho do grupo I caiu de 39 para 37 por cento (menos 2). O desempenho do grupo II aumentou de 39 para 41 por cento (mais 2). O desempenho do grupo III aumentou de 39 para 42,5 por cento (mais 3,5)!

Explicação: O grupo III imaginou-se executando os lances livres que emplacaram todas as vezes! O grupo II sabia que a média deles era de apenas trinta e nove, assim aceitou as falhas em suas habilidades.

(In: *Força para Vencer*, Dr. Walter Doyle Staples, Editora Record, 1995.)

A ARTE DE VIVER

TOLSTOI (Lev) - Escritor e filósofo russo, nascido em Iasnaia Poliana (Bosque Claro), extensa propriedade particular de sua aristocrática família. Escritor mundialmente conhecido que, transformou totalmente sua personalidade, quando resolveu dedicar-se à filosofia. Na velhice foi visitado por personalidades de todas as correntes de pensamento. Poetas, escritores e chefes de estado foram render homenagem ao nobre que renunciara aos bens terrenos para dedicar-se às obras de Deus. Entre os seus romances figuram *Guerra e Paz* e *Ana Carenina*. (1828 - 1910).

> *Corajoso é aquele que não teme nenhuma das dificuldades da vida e todas procura vencer.*

A ARTE DE VIVER

Uma filosofia de vida

Dr. Walter Doyle Staples

O notável psiquiatra e educador austríaco Rudolf Dreikurs (1897-1972), formulou aquilo que ele chama de "As Dez Premissas para uma Filosofia de Vida". Essas premissas, mais que qualquer outra coisa que descobri, incorporam a essência daquilo que foi apresentado neste livro. Leia-as com cuidado, pense nelas e imagine um mundo no qual elas sejam aceitas e praticadas pela maioria das pessoas.

1. O homem não é, intrinsecamente, nem bom nem mau. Sua utilidade social e sua eficiência pessoal dependem do seu treinamento e desenvolvimento individuais, da sua própria interpretação de experiências anteriores e das situações que enfrentou na vida.

2. O homem não é cônscio das suas forças e seus poderes individuais. Ele possui capacidades intelectuais, morais e criativas que não reconhece e, portanto, não pode utilizar plenamente.

3. O homem pode controlar suas próprias ações. As emoções não o dominam; são suas ferramentas. Ele é motivado por suas convicções, suas atitudes e suas metas, as quais ele determina para si mesmo,

embora, muitas vezes, possa não estar cônscio delas, nem reconhecer suas falácias.

4. O homem influencia seu próprio destino sem sabê-lo; ele tem mais consciência daquilo que é feito a ele do que daquilo que faz aos outros.

5. O maior obstáculo do homem à participação e cooperação sociais é o fato dele subestimar sua própria força e seu valor. Os métodos educacionais e procedimentos de treinamento tendem a instilar conceitos e atitudes falsos a respeito dele mesmo em comparação aos outros e são reforçados pelos padrões culturais.

6. O maior mal do homem é o medo. A coragem e a crença em sua própria capacidade são a base para todas as suas virtudes. Através da compreensão do seu próprio valor ele pode ter um senso de participação e interessar-se pelos outros.

7. A base de relações humanas harmoniosas é o respeito pela dignidade de cada um, combinado com o respeito pelos direitos e pela dignidade dos outros. Ela impede o estabelecimento de conflitos humanos através da força e da conciliação. O equilíbrio social somente pode ser obtido através de acordos livres entre iguais, no espírito da democracia.

8. O homem é o soberano na democracia; portanto, cada membro da sociedade tem direito à mesma dignidade e respeito prestados a um soberano. A igualdade fundamental humana não é afetada por características individuais como raça, cor,

religião, sexo, idade, posição social e econômica, educação, saúde e beleza físicas ou mentais, desenvolvimento moral ou intelectual, habilidade ou realização pessoal. Qualquer suposição de superioridade ou inferioridade com base nesses fatores incidentais é arbitrária e falaciosa.

9. A paz de espírito e a paz na Terra serão alcançadas quando o homem abolir a superioridade de um homem sobre o outro, quando o valor de cada pessoa estiver firmemente estabelecido em sua própria mente e também nas mentes dos seus semelhantes, e quando nenhum desejo compensatório de poder ou prestígio colocar o homem contra outros homens.

10. Necessitamos do auxílio constante uns dos outros para manter nossa visão daquilo que cada um de nós pode ser, para fortificar nossas boas intenções e nobres aspirações e neutralizar as experiências desencorajadoras e desmoralizantes às quais estamos todos expostos em nossa vida diária.[1]

Considere por um momento este antigo e compreensivo quarteto, relativo à maneira pela qual você quer efetuar mudanças em sua vida:

Que espécie de mundo
seria este mundo,
Se todos que nele estão
fossem exatamente como eu?

---

[1]Citação de As dez Premissas Para Uma Filosofia de Vida, de Rudolf Dreikurs. Detentor do copyright desconhecido.

Agora substitua a palavra "mundo" pelas palavras "lar", "escola", "igreja", "empresa", "comunidade" e "nação", para preencher seu programa pessoal de auto-desenvolvimento. A atitude e o comportamento que você demonstra têm um efeito direto e duradouro, positivo ou negativo, sobre a personalidade e o comportamento de outros grupos e das pessoas que deles fazem parte. A maneira pela qual você pensa e age tem um impacto muito real sobre o mundo ao seu redor e sobre a maneira pela qual ele o trata. Toda renovação deve começar pelo eu. Como disse o Papa João Paulo II, "Antes de renovar os sistemas, as instituições e os métodos, é preciso buscar a renovação do coração do homem".

(In: *Pense Como um Vencedor*, dr. Walter Doyle Staples, Pioneira, 1994.)

A ARTE DE VIVER

CHARLES CHAPLIN - Cineasta, ator e escritor inglês, nascido em Walworth, Londres. É considerado um dos maiores gênios da sétima arte, com unanimidade. Produziu mais de uma centena de filmes. Seu personagem mais famoso é "Carlitos" que se destacou no cinema mudo, continuando sua fama após o advento do cinema falado. Chaplin foi agraciado com muitas condecorações, entre elas o grau máximo de Cavaleiro, pela rainha Elizabeth da Inglaterra, o que lhe deu o título de *Sir*. (1889 - 1977).

> **A persistência é o caminho da vitória.**

Sentido da vida

Jorge Luis Borges

Instantes

Se eu pudesse viver novamente a minha vida, na próxima trataria de cometer mais erros.

Não tentaria ser perfeito, relaxaria mais.

Seria mais tolo ainda do que tenho sido, na verdade bem poucas coisas levaria a sério.

Seria menos higiênico.

Correria mais riscos, viajaria mais, contemplaria mais entardeceres, subiria mais montanhas, nadaria em mais rios.

Iria a lugares onde nunca fui, tomaria mais sorvete e comeria menos lentilha, teria mais problemas reais e menos problemas imaginários.

Eu fui uma dessas pessoas que viveram sensata e produtivamente cada minuto da sua vida, é claro que tive momentos de alegria.

Mas, se pudesse voltar a viver, trataria de ter somente bons momentos.

Porque, se não sabem, disso é feita a vida, só de momentos, não percam o agora.

Eu era um daqueles que nunca iam a parte alguma sem um termômetro, uma bolsa de água quente, um guarda-chuva (um pára-quedas) e, se voltasse a viver, viajaria mais leve.

Se eu pudesse voltar a viver, começaria a andar descalço no começo da primavera e continuaria assim até o fim do outono.

Daria mais voltas na minha rua, contemplaria mais amanheceres e brincaria com mais crianças, se tivesse outra vez uma vida pela frente.

Mas, já viram, tenho 85 anos e sei que estou morrendo.

Querer vencer significa
já ter percorrido
metade do caminho
para a vitória

A ARTE DE VIVER

PADEREWSKI (Ignaz Jan) - Músico e estadista polonês. Nasceu em Kurylowka. Foi, também, professor de música e concertista. Considerado um dos principais pianistas da época devido ao seu estilo peculiar de interpretar os grandes gênios da música. Durante a Primeira Guerra Mundial filiou-se ao Comitê Nacional Polonês e pressionou para restaurar a independência e a unidade polonesas. Foi Chefe de Estado mas, encontrando dificuldades para governar, em vista de divergências com os partidos políticos, renunciou ao cargo e à política, dedicando-se somente à música. Deixou várias composições e entre elas, *Minueto em Sol Maior*. (1860 - 1941).

> Querer vencer significa já ter percorrido metade do caminho para a vitória.

A ARTE DE VIVER

O leão e o ratinho

Monteiro Lobato

A o sair do buraco achou-se um ratinho entre as patas do leão. Estacou, de pelos em pé, paralisado pelo terror. O leão, porém, não lhe fez mal nenhum.

— Segue em paz, ratinho; não tenhas medo do teu rei.

Dias depois cai o leão numa rede. Urra desesperadamente, debate-se, estorce-se e quanto mais se agita mais preso no laço se sente.

Atraído pelo rumor, surge o ratinho.

— Amor com amor se paga, diz lá consigo e põe-se a roer as cordas. Rói que rói horas a fio, e tanto faz que consegue romper uma das malhas. E como a rede era das tais que rompida a primeira malha as outras se afrouxam, pode o leão deslindar-se e fugir.

Mais vale paciência pequenina que arrancos de leão.

Pense Possível.

"Clube dos Pensadores de Possibilidades".
Um projeto da Editora Martin Claret.

A ARTE DE VIVER

Paradoxos

Roger Von Oech

Este capítulo é paradoxal. Por um lado, eu disse que a ambigüidade provoca problemas de comunicação. Por outro, também disse que ela ajuda a criar novas idéias. Qual o denominador comum? E que ambas as situações estimulam as pessoas a pensar?

Foi provavelmente por esse motivo que o físico Niels Bohr disse em certa ocasião, bem no meio de um problema que parecia insolúvel: "Ainda bem que chegamos a um paradoxo. Agora, há esperança de conseguirmos algum progresso". Bohr sabia que os paradoxos são cruciais para o processo criativo. Isso porque eles forçam a gente a sair dos trilhos do pensamento convencional e a questionar pressupostos. Na verdade, o próprio ato de "perceber o paradoxo" está no cerne do pensamento criativo, já que representa a capacidade de trabalhar simultaneamente com duas noções diferentes (e às vezes contraditórias).

Gostaria de partilhar com você alguns dos meus paradoxos preferidos:

- Seja espontâneo!
- O pouco que sei, devo à minha ignorância.
- Não há nada mais impensável do que o

pensamento, exceção feita à completa ausência de pensamento. *Samuel Butler*

• O sr. Smith ficou desapontado por não encontrar uma caixa de sugestões na sede do clube porque queria depositar nela a sugestão de se fazer uma caixa de sugestões.
• Só o efêmero tem valor duradouro.
Ionesco

• Um físico é a maneira que o átomo tem de saber sobre os átomos. *George Wald*

• Não podemos deixar o eventual ao acaso.
N. F. Simpson

• Eu toco as notas tão bem quanto qualquer pianista. Mas as pausas entre as notas — ah, aí é que está a arte! *Schnabel*

• Você só consegue empréstimo no banco se provar que não precisa dele.
• A arte é uma mentira que faz a gente captar a verdade. *Picasso*

(In: *Um "Toc" na Cuca*, Roger Von Oech, Editora Cultura, 1995.)

A ARTE DE VIVER

SARTRE (Jean Paul) - Filósofo, escritor, jornalista e conferencista francês. Notabilizou-se com a filosofia do existencialismo, cuja teoria diz que "a existência precede a essência". É considerado o "pai" do existencialismo. Entre as várias obras que escreveu destaca-se *Náusea*. Foi, também, filósofo e escritor político, defensor da liberdade. (1905 - 1980).

> **O homem não é senão o seu projeto e só existe na medida em que se realiza.**

A ARTE DE VIVER

A vitória na vida

Amado Nervo

Pobre de ti se pensas ser vencido,
Tua derrota é caso decidido.
Queres vencer, mas, como em ti não crês,
Tua descrença esmaga-te de vez.

Se imaginas perder, perdido estás.
Quem não confia em si, marcha para trás.
A força que impele para frente.
É a decisão firmada em tua mente!

Muita empresa esboroa-se em fracasso
Inda antes do primeiro passo.
Muito covarde tem capitulado,
Antes de haver a luta começado!

Pensa em grande, e os teus feitos crescerão.
Pensa em pequeno, e irás depressa ao chão.
O querer é o poder arquipotente,
É a decisão firmada em tua mente!

Fraco é aquele que fraco se imagina.
Olha ao alto o que ao alto se destina.

A confiança em ti mesmo é a trajetória
Que te levará aos altos cimos da vitória!

Nem sempre o que mais corre a meta alcança.
Nem mais longe, o mais forte o disco lança.
Mas o que, certo de si, vai firme e em frente
Com a decisão firmada em sua mente!

A ARTE DE VIVER

HORÁCIO (Quiintus Horatius Flaccus) - Poeta lírico latino. Nasceu em Venosa, província romana da Apúlia. Segundo consta, não foi bem sucedido na sua tentativa como militar, resolvendo, então, dedicar-se à literatura. Foi discípulo dos grandes mestres romanos e depois, foi completar os estudos em Atenas. De início mostrou-se inclinado para a rígida moral do estoicismo, porém, mais tarde, voltou-se para a filosofia epicurista. Exerceu alguns cargos públicos, mas foi na literatura que alcançou fama e fortuna. Entre suas obras destacam-se *Sátiras*, *Epístolas*, *Odes* e *Épodos*. (65 - 08 a.C.).

> **O que procuras está dentro de ti; alcançarás a vitória se a fortaleza da tua alma não te falhar.**

A história de Helen Keller

Dr. Walter Doyle Staples

Helen Keller nasceu em 27 de junho de 1880, em uma pequena cidade no Alabama. Em fevereiro de 1882, quando tinha um ano e meio, ela foi acometida por uma moléstia desconhecida, com febre alta e muita dor. Quando finalmente se recuperou, ela estava surda e cega.

Quando Helen tinha sete anos, seu pai conseguiu uma tutora, Anne Sullivan, para morar com a família. Anne conseguiu ensinar Helen a comunicar-se usando movimentos dos dedos, a ler em Braille e até a falar. Helen foi uma das primeiras pessoas portadores de deficiências sérias, visuais e auditivas a dominar essas habilidades. Anne Sullivan foi sua companheira constante nos cinqüenta anos seguintes.

O que Helen Keller fez com sua vida, apesar de suas deficiências aparentemente insuperáveis? Ela graduou-se com honras no Radcliffe College em 1904, ao lado de algumas das jovens mais brilhantes de sua época. Tornou-se uma excelente conferencista crítica social, apaixonadamente dedicada a ajudar grupos desfavorecidos, como os deficientes, os pobres e os oprimidos. Ela escreveu cinco livros e contava, entre seus amigos íntimos, com muitas celebridades, como Alexander Graham Bell, Mark

Twain, Albert Einstein e Charlie Chaplin. Encontrou-se com os reis e rainhas da Europa e com todos os presidentes dos Estados Unidos do seu tempo. Aos setenta e cinco anos, ela foi a primeira mulher a receber um diploma honorário da Harvard University. Foram feitos três filmes sobre sua vida.

Helen Keller morreu em 1º de junho de 1968, aos oitenta e sete anos. Ela permanece, até hoje, como exemplo brilhante, para milhões de pessoas, de que muitas coisas podem ser realizadas na vida, a despeito de qual seja a deficiência física. É tudo uma questão de aplicação e dedicação, de se ter uma causa na qual se acredita e de uma determinação inabalável para fazer uma diferença.

Helen Keller é reverenciada como um gênio. Contudo, ela somente conseguiu mais que a maioria das pessoas — apesar de começar com muito menos. Em essência, ela não permitiu que suas limitações a detivessem.

(In: *Pense como um Vencedor*, dr. Walter Doyle Staples, Pioneira, 1995.)

A ARTE DE VIVER

IBSEN (Henrik Johan) - Escritor dramaturgo e teatrólogo norueguês. Sua especialidade eram as peças teatrais. Iniciou sua carreira trabalhando para jornais e revistas onde publicou algumas poesias. Depois da peça: *Os Pretendentes à Coroa* que fez muito sucesso na Europa, mudou-se para Roma. Lá escreveu e lançou a peça *Brand* que o tornou famoso em toda a Europa. Influenciado pelo *Naturalismo* escreveu *Os Espectros* que não agradou a crítica européia por considerarem-na contrária aos princípios do casamento. Sua obra mais famosa é: *Casa de Bonecas*. Suas primeiras obras são consideradas precursoras do teatro expressionista. (1828 - 1906).

> Não há encosta, por mais íngrime que seja, que duas pessoas juntas não possam galgar.

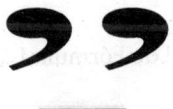

A ARTE DE VIVER

Ayrton Senna*

Editora Azul

"O importante é vencer. Tudo e sempre"

As vitórias

Vencer ou vencer. Apenas isso interessava para Ayrton Senna. Segundo lugar não tinha vez com ele. O brasileiro perseguia todos os recordes alucinadamente. Na Fórmula l, chegou a ficar angustiado com a demora da consagração. Não demorou para conseguir sua primeira vitória: ela veio em seu 16º GP (Portugal 1985). Mas demorou para ser campeão. Só conseguiu em sua 79ª participação (Suzuka 1988). Em 161 corridas disputadas, Senna conquistou 41 vitórias — um percentual de 25%, ou uma vitória a cada quatro grandes prêmios. Senna é o segundo maior vencedor de GPs da história da F l: só perde para Prost, que ganhou , 51 vezes.

Na Williams, ele pretendia quebrar este recorde já nesta temporada. Entre tantas vitórias memoráveis, a mais significativa, segundo ele mesmo, foi a do GP do Japão de 1988, quando ganhou o primeiro título.

---

*Tricampeão Mundial de Fórmula 1 : 1988 -1990 -1991

"Aquilo foi algo de sonho", recordava. "A vitória veio com estilo e ainda valeu o campeonato!"

Os números

A carreira de Ayrton Senna foi uma das mais vitoriosas do automobilismo mundial em todos os tempos. Na Fórmula 1, se não conseguiu — como era o seu desejo — bater todos os recordes, pelo menos chegou perto: *poles position* (65), *poles* consecutivas (8, entre o final da temporada de 1988 e o início da temporada de 1989), voltas (2.956) e quilômetros (13. 469) na liderança, vitórias de ponta a ponta (19), vitórias com poles (29) e vitórias num mesmo GP (6), em Mônaco, sendo 5 consecutivas, o que também é recorde. No fabuloso currículo do brasileiro só ficaram faltando os recordes de títulos, de vitórias, de GPs disputados, de pontos conquistados, de média de pontos por corrida e de melhores voltas. Mas, por uma mera questão de tempo.

O supercampeão

Quando Deus criou Ayrton Senna, parece ter buscado os seguintes ingredientes: o arrojo de Gilles Villeneuve, a sensibilidade de Emerson Fittipaldi e a frieza de Niki Lauda. Tudo isso fez de Senna um supercampeão, sempre em busca dos mais altos padrões de pilotagem, concentração e forma física. Ele era único no mundo, não se considerava igual a ninguém, embora muitos o comparassem com o escocês Jim Clark porque este, também, era abençoado por uma espécie de santíssima trindade do automobilismo. "As pessoas não se repetem", escapava Senna.

De fato. Por isso, a Fórmula 1 dificilmente conhecerá outro, supercampeão como ele. "Quando você estabelece um padrão elevado para si mesmo, em certos momentos, terá de bater os próprios padrões".

A última vitória

Adelaide, 7 de novembro de 1993. Ao volante de um McLaren-Ford MP4/8, Ayrton Senna levou 1h43min27s476 para percorrer os 298,620 km do GP da Austrália. Era sua 41ª e última vitória na Fórmula 1. Naquela prova, Senna marcou a *pole position* (ainda faria mais três pela Williams, completando 65 poles) e se despediu da McLaren como vencedor. Na equipe de Ron Dennis, o brasileiro disputou 96 grandes prêmios, ganhando 35 deles. Foi tricampeão, virou um mito das pistas, mas queria mudar de ares. Era o fim da era Senna na Fórmula 1.

As frases

"Meu objetivo nunca foi quebrar recordes, mas fazer o melhor cada vez que sento no *cockpit*, buscar sempre vitória. Os recordes são conseqüência disso (maio 1991). Em Interlagos, corri para vencer: o segundo lugar quase não interessava."

"Vocês nunca saberão como um piloto se sente quando vence. O capacete oculta sentimentos incompreensíveis."

"É irreal pensar que vou vencer sempre, mas sempre espero que a derrota não venha neste fim de semana"

"É preciso fazer algo de especial. Todo ano alguém ganha um título. Eu quero ir além disso."

"Primeiro, era chegar à F 1. Depois, fazer uma *pole*, vencer uma corrida, ser campeão. Aos poucos, fui preenchendo todos esses sonhos."

"Quero melhorar em tudo. Sempre"

(In: *Grid* - Edição Especial, Editora Azul, Sem Data.)

A ARTE DE VIVER

ALBERT SCHWEITZER - Filósofo, escritor, teólogo, musicólogo, conferencista, organista, médico e missionário, nascido em Kaysersberg, na Alsácia Superior Francesa. Foi considerado "o maior homem vivo" pelo cientista Albert Einstein e pela revista *Time*. Em 1952 recebeu o prêmio Nobel da Paz. É mais conhecido como missionário; por mais de 50 anos cuidou dos doentes negros em Lambarene, na África Equatorial Francesa. Entre suas obras destacam-se: *Filosofia da Cultura I e II* e *Jean Sebastian Bach, le musicien poéte*. (1875 - 1965).

> *A grande ciência da vida consiste em saber vencer os desenganos.*

A ARTE DE VIVER

A "diferença" que faz a diferença

Dr. Lair Ribeiro

Olhe à sua volta. O lugar onde você se sentou para ler este livro, o ambiente, as pessoas, os objetos, suas condições atuais de vida, trabalho, saúde, lazer. Pense em seus amigos, nas condições que cada um deles conquistou, e também, nas pessoas em geral, com quem você tem algum contato. Pense em algumas personalidades bem-sucedidas e famosas, que você admira, e percorra com a mente a imagem dessas pessoas e de seu padrão de vida, nos mínimos detalhes. Procure ver os motivos de sua admiração por essas pessoas.

Agora olhe bem dentro de você. Tente perceber como está se sentindo neste exato momento. Como estão indo aqueles sonhos acalentados há tantos anos? Foram realizados plenamente? Parcialmente? Foram "arquivados"? Deram lugar a opções mais "reais"? Foram adiados para alguma ocasião mais propícia? Ou continuam piscando em certos momentos, no painel dos seus pensamentos mais íntimos? Você se sente satisfeito com o que já conquistou na vida? Almeja mais? Acredita nas suas chances? O que está faltando, afinal, para que você consiga ser realmente bem-sucedido?

Uma pessoa bem-sucedida não é muito diferente de outra que não consegue o que quer na vida.

A distância é muito menor do que parece. O sucesso mede-se em centímetros. Veja por exemplo, na figura abaixo, a chegada de uma corrida de cavalos.

SUCESSO
É MEDIDO EM CENTÍMETROS

Fig. 1

2º LUGAR
US$ 5,000

1º LUGAR
US$ 15,000

O primeiro colocado ganhou um prêmio de 15 mil dólares e, o segundo, de cinco mil dólares. Isso quer dizer que o primeiro cavalo seria três vezes mais rápido que o segundo? Claro que não! Na verdade, se medirmos a diferença da chegada entre eles e dividirmos pelo total da pista, quanto mais rápido o segundo colocado precisaria ter corrido para chegar na frente do primeiro? Quase nada!

Isto significa que uma pequena diferença em desempenho faz uma tremenda diferença no resultado. Daqui a uma semana, todos vão se lembrar do nome do cavalo vencedor e já terão se esquecido do segundo. Mas a diferença entre os dois foi mínima!

Assim é na vida: o profissional que está ganhando três vezes mais do que o outro não está correndo ou fazendo três vezes mais, nem tem o triplo de conhecimento ou de inteligência A diferença é mínima, mas é A "DIFERENÇA" QUE FAZ A DIFERENÇA.

(In: *O Sucesso não Ocorre por Acaso*, dr. Lair Ribeiro, Editora Objetiva, 1996.)

> Uma coisa que não devemos esquecer é de dar sempre um passo à frente... um passo, por menor que seja.

A ARTE DE VIVER

STEINBECK (John Ernst Alcibiade Socrate) - Jornalista e escritor norte-americano, nascido em Salinas. Após lançar seu livro *Ratos e Homens*, sua reputação literária se solidificou e o lançamento de *Boêmios Errantes* transformou-o numa celebridade. Viveu num período de muita recessão e desemprego e muitos de seus livros retratam esses problemas sociais. Foi, também, correspondente de guerra, escrevendo artigos sobre a Guerra do Vietnã. Escreveu inúmeras obras sendo que nem todas agradaram a crítica. Em 1962, recebeu o Prêmio Nobel de Literatura. Entre suas obras, a mais famosa é *As Vinhas da Ira*. (1902 - 1968).

"

Uma coisa que não devemos esquecer é de dar sempre um passo à frente... um passo, por menor que seja.

"

A ARTE DE VIVER

"Eu venci o mundo"

Jesus/Novo Testamento

Anúncio de um breve retorno

"Um pouco de tempo e já não me vereis, mais um pouco de tempo, ainda, e me vereis"[t].
Disseram entre si alguns de seus discípulos: "Que é isto que ele nos diz: 'Um pouco e não me vereis e novamente um pouco e me vereis', e: 'Vou para o Pai'?" Eles diziam: "Que é: 'Um pouco[u]?' Não sabemos de que fala." Compreendeu Jesus que queriam interrogá-lo e lhes disse: "Vós vos interrogais sobre o que eu disse:

'Um pouco de tempo e já não me vereis.
Mais, um pouco, ainda, e me vereis'?
Em verdade, em verdade, vos digo:
chorareis e vos lamentareis,
mas o mundo se alegrará.
Vós vos entristecereis,
mas a vossa tristeza se transformará em alegria[v].
Quando a mulher está para dar à luz, entristece-se porque a sua hora chegou; quando, porém, nasce a criança ela já não se lembra mais dos sofrimentos[w] pela alegria de ter vindo ao mundo um homem.
Também vós, agora, estais tristes; mas eu vos

verei de novo e vosso coração se alegrará e
ninguém vos tirará a vossa alegria.
Nesse dia
nada me perguntareis.
Em verdade, em verdade, vos digo:
se pedirdes alguma coisa ao Pai em meu nome,
ele vo-la dará.
Até agora, nada pedistes em meu nome[x];
pedi e recebereis
para que a vossa alegria seja completa.
Disse-vos estas coisas por comparações. Chega
a hora em que não vos falarei mais em figuras,
mas claramente vos falarei do Pai [y].
Nesse dia
pedireis em meu nome
e não vos digo que rogarei ao Pai por vós [z],
pois o próprio Pai vos ama
porque me amastes
e crestes que vim de Deus.
Saí do Pai e vim ao mundo;
de novo deixo o mundo e vou para o Pai."

Os seus discípulos lhe dizem: "Eis que agora falas claramente, sem figuras! Agora vemos que sabes tudo e não tens necessidade de que alguém te interrogue. Por isto cremos que saíste de Deus." Jesus lhes responde:

"Credes agora?
Eis que chega a hora — e ela soou —
em que vos dispersareis, cada um para o seu lado
e me deixareis sozinho.
Mas eu não estou só,

porque o Pai está comigo.
Eu vos disse tais coisas
para terdes paz em mim.
No mundo tereis tribulações,
mas tende coragem:
eu venci o mundo!"

(In: *A Bíblia de Jerusalém - Novo Testarnento*, Edições Paulinas, 1981.)

---

t) Anúncio velado de sua morte e de sua ressurreição. — Ad.: "porque vou para o Pai".
u) Om.: "de que fala".
v) Tristeza da Paixão, alegria de rever o Cristo ressuscitado (cf. 20,20).
w) Imagem bíblica tradicional para designar o doloroso nascimento do mundo novo, messiânico. Cf. Mt 24,8+.
x) Porque Jesus ainda não fora glorificado.Cf. 14,13s.
y) Com a Ressurreição e a vinda do Espírito, terá começo a iniciação perfeita que se consumará na visão de Deus, "tal como ele é" (I Jo 3,2).
z) Var.: "e eu não intervirei junto ao Pai". — Jesus permanece o único mediador (cf 10,9;14,6;15,5; Hb 8,6), mas os discípulos, sendo um com ele pela fé e pelo amor, serão amados pelo Pai: a mediação de Jesus terá atingido o seu efeito em plenitude.

A ARTE DE VIVER

MOLIÉRE (Jean-Baptiste Pequelin) - Escritor francês de peças teatrais. Segundo consta adotou o pseudônimo de Moliére porque a atividade teatral, na época, não era muito respeitável e ele não queria ligar o nome da família ao teatro. Apesar de licenciado em Direito pela Universidade de Orleans, optou pela carreira artística. Foi autor, ator e diretor de teatro. Moliére e seu grupo teatral tornaram-se moda em Paris. Escreveu inúmeras peças teatrais, entre elas, *O Tartufo* e *Dom Juan*, ambas proibidas pela censura da época, tendo sido consideradas hostis às autoridades religiosas. (1622 - 1673).

> É difícil a vitória para os espíritos que se empenham em prever as consequências últimas das coisas e com isso não se atrevem a empreender nada.

A ARTE DE VIVER

A vaca e a política

Reinaldo Fonseca

Socialismo = Você tem duas vacas e dá uma para o seu vizinho.

Comunismo = Você tem duas vacas. O governo toma as duas e vende a você leite com água.

Fascismo = Você tem duas vacas. O governo toma as duas e vende a você leite caro.

Nazismo = Você tem duas vacas. O governo toma as duas e lhe mata.

Burocracia = Você tem duas vacas. O governo as confisca, mata uma delas de fome e joga o leite da outra no ralo.

Capitalismo = Você tem duas vacas. Vende uma acima do preço e compra um touro.

(In: *O Gostoso Gosto de Viver*, Reinaldo Fonseca.)

A ARTE DE VIVER

JANIS JOPLIN - Cantora de "rock" norte-americana, nascida no Texas. Pertencente à geração apontada como responsável pelas mudanças nas artes e no comportamento nos últimos 40 anos. Janis era dotada de grande magnetismo e quando se apresentava em público levava a platéia ao delírio. Seus discos venderam milhões de cópias. Morreu muito jovem — aos 27 anos — segundo consta, após ingerir uma overdose de droga psicotrópica que lhe foi fatal. (1943 - 1970).

> Solte-se e você será muito mais do que jamais sonhou.

A ARTE DE VIVER

Vitória da Samotrácia*

Enciclopédia Larousse

Samotrácia (*Vitória* de), escultura grega de mármore da época helenística (inícios do séc. II a.C.), descoberta em 1863 na Samotrácia e conservada no Louvre. Acredita-se que essa figura de mulher alada, pousada em uma proa de galera, seja uma estátua comemorativa de uma vitória naval de Demétrio I Poliorceto. O movimento das vestes e a força do conjunto a tornam uma das obras-primas da escultura.

Samotrácia, em gr. **Samothráki**, ilha grega do norte do mar Egeu, entre a Trácia e Imroz: 178 km²; 3.000 hab. Sede *Samotrácia*.

— Hist. A ilha esteve consagrada ao culto dos Grandes Deuses desde um passado muito remoto. Colonizada pelos gregos a partir do séc. VIII a.C., alcançou grande prosperidade nas épocas helenística e romana.

(In: *Grande Enciclopédia Larousse/Cultural*, Volume 9, pág. 2892, Editora Universo, 1990.)

---

* Curiosidade histórica.

A ARTE DE VIVER

RENÉ DESCARTES - Filósofo, escritor e matemático francês. Deu início à filosofia científica. É considerado o "pai" da filosofia moderna baseada no princípio da ciência. Foi contemporâneo de Giordano Bruno e Galileu, porém, mais cauteloso que estes, em suas teorias, não entrou em choque com a Igreja Católica e não teve problemas com a Inquisição. Sua filosofia deu origem ao termo "cartesiano". Entre suas obras mais famosas está o *Discurso do Método*. (1596 - 1650).

> **É melhor vencermo-nos a nós mesmos do que ao mundo.**

A ARTE DE VIVER

O que o leva a destacar-se

Dr. Walter Doyle Staples

Auto-realização
Altos empreendimentos.
Competência, Criatividade
e um certo grau de
Autonomia Pessoal

Necessidades do Ego
Reconhecimento, Orgulho,
Status, Apreciação.
Conquistas e Auto-respeito

Necessidades Sociais
Identificação, Associação.
Aceitação, Amizade e Amor

Necessidades de Segurança
Isenção do Medo. Proteção contra
o Perigo, a Ameaça e a Privação

Necessidades Fisiológicas
Alimento, Ar, Descanso, Sexo, Moradia. Outras
Funções Corporais e Proteção contra os Elementos

Hierarquia das Necessidades Humanas de Abraham Maslow

(In: *Força para Vencer*, Dr. Walter Doyle Staples, Record, 1995.)

A ARTE DE VIVER

MARTIN CLARET - Empresário, editor e jornalista. Nasceu na cidade de Ijuí, RS. Presta consultoria a entidades culturais e ecológicas. Na indústria do livro inovou, criando o conceito do livro-clipping. É herdeiro universal da obra literária do filósofo e educador Huberto Rohden. Está escrevendo o livro *A Viagem Infinita — Novas Tecnologias para Atualização do Potencial Humano*. (1928 -).

> A vontade de vencer é um determinismo de todo ser vivo. Este é o jogo da evolução.

A ARTE DE VIVER

Dante Gabriel Rosseti
(1828-1882)

Pintor e poeta inglês. Filho do escritor italiano Gabriele Rossetti. Estudou na King's College School, de Londres, abandonando-a em 1843 para dedicar-se à pintura.

O seu amigo Brown, que o acolhera em casa durante algum tempo enquanto pintava o quadro, tomou a seguinte nota no seu caderninho: "Falta-lhe o hábito; noto que a natureza o atormenta...". De fato, Rossetti não voltou a pintar nenhum tema desse tipo. Virou-se para o mundo poético que fora sempre a sua fonte de inspiração, a poesia que se tornara para ele em algo mais real do que a própria realidade. Os seus modelos voltaram a ser os seus mitos literários:

Dante, os poemas épicos de tradição artúrica, Keats, Tennyson, e as antigas baladas inglesas, que Rossetti resolvia em composições tratadas a óleo ou a aquarela, pesada e consciente, longe das transparências de Turner.

A pintura de Rossetti é poesia pintada, semelhante à de Turner, embora em sentido diferente, na qual as cores adquirem personalidade própria, apresentando estados poéticos do artista.. A atmosfera de suas aquarelas, como as de 1857: *São João e a Princesa de Sabra*, *A Donzela do Sagrado Graal* ou *A Canção das Sete Torres* (Tate Gallery, Londres), é sonhadora e longínqua, como recriação de cenas de um paraíso perdido, um mundo sonhado que nunca se poderá recuperar, mas que o poeta-artista retoma para seu próprio deleite, refugiado nesse mundo profundo e íntimo da sua torre acastelada. No óleo *Dantis Amor* de 1860 (Tate Gallery, Londres), as figuras são autenticamente simbólicas, como uma beatriz beatífica contemplando para sempre a face de Cristo Rei.

Na última fase, a partir dos anos de 1860, a iconografia de Rossetti enriquece-se com estampas de mulheres de aspecto sensual, ausentes e longínquas. A sua *Beata Beatriz*, de 1863 (Tate Galery, Londres), é uma figura em êxtase, com os olhos cerrados e a boca entreaberta, uma visão cheia de alusões que o artista não pretende revelar, embora ao fundo se vislumbrem, numa atmosfera iluminada tenuemente, as figuras de Dante e Amor, esta vestida de vermelho como o pássaro da morte, que traz uma flor no bico e pousa sobre a enigmática imagem. A cena é, sem dúvida, inquietante.

A Bem Amada ou *A Esposa*, de 1865 (Tate Galery, Londres), envolvida numa cor viva e quente, é de um simbolismo erótico muito mais aparente. Com estas imagens e outras mais perturbadoras, Ruskin sentiu-se aborrecido com o amigo, e a sua amizade foi diminuindo.

No final da década dos anos 50, Rossetti ligara-se a William Morris e a Burne-Jones, estudantes de teologia em Oxford, com quem fez sociedade para colaborar em alguns trabalhos decorativos. Em 1856, ajudou Morris na ornamentação pintada de alguns móveis com motivos decorativos medievais, e anos mais tarde, em 1861, desenhou alguns ambientes da sua própria vivenda. Outra empresa decorativa foi a realizada em 1857 com Morris, Burnes-Jones, Hughes e três dos seus amigos, Prinsep, Hungerford e Stanhope, empreendendo a execução da decoração do Debating Hall, atualmente biblioteca do Union Building de Oxford, com cenas artúrias, extraídas da narração de Malory, onde Rossetti executou *A Visão de Sir Lancelot do Santo Graal* e mais dois desenhos. Rossetti esteve também na origem da fundação da sociedade Morris, Marshall, Faulkner e Cia., em 1861, para a qual desenhou móveis, azulejos e cartões para vitrais.

A partir dos anos 60 pode-se dizer que o movimento primitivo do pré-rafaelismo acabara. A crítica severa que Ruskin fez, em 1857, sobre algumas pinturas, foi um golpe mortal para o movimento. Houve uma segunda geração de pintores adscritos à estética iniciada por Rossetti, Hunt, Millais e Brown, mas esta, estava já mais perto do Simbolismo, com tudo o que este comportava de mudança poética e de estruturas de linguagem. Contudo, a obra de Rossetti não foi alheia a essa mudança.

A ARTE DE VIVER

Última mensagem

Martin Claret

Este livro-clipping é uma experiência educacional. Ele vai além da mensagem explícita no texto.
É um livro "vivo" e transformador.
Foi construído para, poderosamente, reprogramar seu cérebro com informações corretas, positivas e geradoras de ação.
O grande segredo para usá-lo com eficácia é a aplicação da mais antiga pedagogia ensinada pelos mestres de sabedoria de todos os tempos:
A REPETIÇÃO.
Por isto ele foi feito em formato de bolso, superportátil, para você poder carregá-lo por toda parte, e lê-lo com freqüência.
Leia-o, releia-o e torne a relê-lo, sempre.
Invista mais em você mesmo.
Esta é uma responsabilidade e um dever somente seus.
Genialize-se!